儒家思想

以创造转化为自我认同

杜维明 著

九州出版社 JIUZHOUPRESS | 全国百佳图书出版单位

图书在版编目（CIP）数据

儒家思想：以创造转化为自我认同 / 杜维明著. --
北京：九州出版社，2022.11
ISBN 978-7-5225-1377-5

Ⅰ．①儒… Ⅱ．①杜… Ⅲ．①儒家－思想研究－文集
Ⅳ．①B222.05

中国版本图书馆CIP数据核字(2022)第213997号

中文简体版通过成都天鸢文化传播有限公司代理，经东大
图书股份有限公司授予九州出版社有限公司独家于中国大陆地
区发行、散布与贩卖，非经书面同意，不得以任何形式，任意
重制转载。
著作财产权人：©东大图书股份有限公司。
版权登记号：01-2023-0691

儒家思想：以创造转化为自我认同

作　　者	杜维明　著
出版发行	九州出版社
责任编辑	黄瑞丽
地　　址	北京市西城区阜外大街甲 35 号（100037）
发行电话	(010)68992190/3/5/6
网　　址	www.jiuzhoupress.com
电子信箱	jiuzhou@jiuzhoupress.com
印　　刷	北京盛通印刷股份有限公司
开　　本	880 毫米 ×1230 毫米　32 开
印　　张	7.5
字　　数	142 千字
版　　次	2024 年 1 月第 1 版
印　　次	2024 年 1 月第 1 次印刷
书　　号	ISBN 978-7-5225-1377-5
定　　价	46.00 元

序

　　对作者而言，一本新书的问世，总是"一则以喜，一则以惧"。当然，书是文化生产中历史悠久而意味深长的现象。正如保罗·里克尔（Paul Ricoeur）所说的，当理念落实为象征符号，并体现为具有物质基础的白纸黑字之后，它的精神便取得可以社会化的性格，让任何有语文能力的读者都可从检视其象征符号而对作者的理念进行解读。既然因理念的文字化而使信息广为流传，当然是值得欣慰的。

　　但，我依稀记得，好几年前在美国科罗拉多州的艾思本人文中心，曾和当时在斯坦福大学担任驻校作家的华莱士·施特格纳（Wallace Stegner）教授聊天。他刚出版一本散文集，竟自嘲地说，把作品推向世界，就像一个在大峡谷边飘下一片羽毛的人，殷切地期待不久的将来，谷底会传来轰隆的回响。如果被称誉为美国当代一支健笔的作家也有这种缺乏自信的疑虑，深恐自己辛辛苦苦的笔耕成果完全不受到重视，应是人之常情了。

　　不过，学术界的出版物，特别是突出哲学思想的论文，本来就没有考虑到市场效应，因此所喜所忧也未必随着读者共鸣的程度而转移。所喜的是，这本论集的出版，可以为中文世界提供一些我思索有年而且已在北美学坛开辟了论域的观点；所忧的是，不同的语境指涉不同的意义结构和价值系统。我的观点虽然都是自觉地立基于儒家的"为己之学"，但置身于西方知识论辩的习俗之中，便不能不采取权宜之计，特别究心于申述一些在中文世界已耳熟能详的概念。职是之故，英语中的新鲜感便完全消失了。

　　我并不担心因重复读者熟悉的概念而导致老生常谈的印象。本来，儒学的特性即是温故知新。可是，在英文语境中，一些从艰苦工夫中获得的成果，竟因中译而完全不显精彩，总有点可惜。当然翻译总难免有丧失原味的损失，但只要力求"信达雅"，也有可能创造崭新的天地。不过，我应当申明，这些原属英文的议论，居然能以中文的形式公之于世，其中曲折甚多，也牵涉好几位无名英雄，在此无法交代清楚。我要特别提出感谢的是林同奇教授，没有他的鼎力协助，这本书一定会遭到难产的厄运。

　　这里所收的九篇论文，与其说是我因回应各种外来机缘而对儒家人文精神作出的现代诠释，不如说是通过多元渠道和北美几位师友之间的人物共商旧学而获致的些许心得，要更符合事实。

　　我在柏林发表《道德共范》的论文时，评讲是文化人类学的巨擘格尔茨（Clifford Geertz）教授。格尔茨教授不仅把评讲形诸文字，而且同意由《东西方哲学》发表，给我很大的鼓励。我考虑"存有的连续性"一议题，则是针对牟复礼（F. W. Mote）和李约瑟的观点而发；后来这一构想又和张光直先生反复商榷。《儒家论做人》则是为北美宗教学祭酒史密斯（Wilfred Cantwell Smith）教授荣休而作。我在哈佛攻读博士学位时期，即亲炙史密斯教授，研习广义宗教传统和精神文明的互动关系。1983年，我回到哈佛执教才两年多，又接任他掌理多时的宗教委员会。三十多载的情谊使我真切体认到，他的学思历程确是问学与求道可以相得益彰的典范。

　　《先秦儒家思想中的人的价值》得益于艾里克森（Erik H. Erikson）、里克尔（Paul Ricoeur）和波拉尼（Michael Polanyi）甚多。我选过艾里克森的课，和里克尔也论学多次。虽然没有直接向波拉尼请教的机会，但通过长期和格勒（Marjorie Grene，波拉尼思想权威）教授的交往，对波拉尼的"体验之学"并不生疏。以《仁：〈论语〉中一个充满活力的隐喻》一文来界定"仁"的意蕴，则是长年和芬加雷特（Herbert Fingarette）及史华慈两位宿儒对话的结果。

　　《自我与他者》及《宋明儒学的宗教性和人际关系》两文，受到贝拉（Robert Bellah）的启发最多。还记得1960年代，贝拉在哈佛讲授宗教理论的情景。那时他从知识社会学及比较文化学切入，对宗教演化和现代精神有独到的见解，但我却认为他因受帕森斯和韦伯的影响太深，对儒家的"宗教性"并没有真切的体悟。我在伯克莱加州大学历史系任教的十年，还经常扣紧此一课题和他辩难。最近听友人马德森（Richard Madsen）说，贝拉明年（1998）退休后的主要工作是重新考察宗教演化与现代精神。我相信，他对儒家特别是宋明传统和东亚现代性的关系，会有新的诠释。

另外，《孟子思想中的人的观念：中国美学探讨》和《宋明儒学本体论初探》，都受惠于坐落在纽约北部艾德龙达（Adirondacks）山庄的德夏堂书院的创始人保罗·德雅尔丹（Paul Desjardins）。保罗曾介绍我认识他的至交，如伯恩斯坦（Richard Bernstein）和罗蒂（Richard Rorty）。通过他的文字和面对面的沟通，我对英文中的哲学语境略有所窥，也加强了我和西方哲人共探新知的意愿。虽然我考虑的课题未必和当前美国哲学界所关注的焦点有什么直接关系，但是既然认识到他们行文的风格，用英文诠释中国美学、伦理学和宗教哲学的异化感便逐渐消解了。

必须指出，正因为我这几篇儒家论说纯粹是英文语境的产物，中译本即使大体传神，难免仍有隔了几重公案的距离感。我希望文化中国的读者不要率尔抹杀这距离感，直接评价理据的得失；或许在咀嚼那格格不入的生涩处，还能稍稍品味我奢想融会中西而每每缺失的坚苦。

不过，既然这几篇论文都不仅是我的独白，还是我和师友们长期对语之后的谐音，它们所象征的共业绝非个人私见而已。《以创造转化为自我认同》不是一本一气呵成的专论，但其中所体现的"问题意识"却首尾贯穿，相互联系。虽然九篇文章相隔的时间跨度很长，而且是在各种学术情境中因针对特殊课题而作出的不同回应，可是它们都环绕着儒家的身心性命之学而展开。我希望儒家的"自我"，即所谓安身立命的成己之学的核心课题，可以通过我这些尚在发展、尚待成长的诠释而成为大家共同研究和探索的领域。

最后，我要感谢波士顿大学神学院的南乐山院长，他多次提到儒学创新将是世界哲学界体现承先启后精神的大事。他的鼓励使我振奋，他的预言则使我心持惶恐。

我相信，儒家论说业已进入欧美学坛，但面向 21 世纪，儒学在思想方面的创新能否为其第三期发展提供优良的条件，则现在尚言之过早。任务是艰巨的！

杜维明

哈佛燕京学社（美国麻州康桥）

1997 年 10 月 7 日

目录

序

导　言

在关于伯克莱—哈佛大学社会价值比较研究五年规划主办的最近一次会议的开场讨论中[①]，我的老师和二十多年来的朋友罗伯特·贝拉对我的论文《东亚思想观念中的"道德共范"》（本书第一章）作了评论，他提出"什么是儒家的自我"这个富于挑战性的问题。收入本书的九篇文章，试图就这个问题作出回答。但是，它们并没有给出一个简单的答案。毋宁说，它们探讨了儒家思想的诸多层面，这些层面可以阐明作为创造性转化的儒家自我的含义。

如果说我们儒家确实有一个关于自我的首尾一贯的概念，那为什么我给贝拉一个直截了当的回答还会那么困难呢？这个问题的一部分是由语境造成的。除非我们充分理解这一个

① 伯克莱—哈佛大学社会价值比较研究规划（亦称比较伦理学规划），由伯克莱高等神学协会和加利福尼亚大学宗教研究所副教授马克·尤金斯梅尔和哈佛大学比较宗教学教授、世界宗教研究中心主任约翰·卡门共同指导。

问题，否则我们就不能指望给出正确的答案。提出问题的方式往往貌似简单，而赋予问题以意义的背景却极为复杂。由于这个问题是从提问者的所谓"问题性"中产生的，我们就不仅需要弄清楚问题本身的含义，而且需要了解潜藏于其后的那个思考者。因而对我来说，贝拉的提问所引发的不只是个资讯的交换，而且也是一种活生生的人的交遇。在这个意义上，本书的每篇文章都是活生生的交遇。诚然，它们提供了有关儒家传统的基本资讯，不过从根本上说，它们是"儒家"对人类所永恒关注的那些问题所作的具有自觉性的答复。

　　假如有别的什么人，例如一个研究语言的学生，向我提出同样的问题，那么，我会简单地列出一组英文词语予以回答。从完全实用的目的着眼，可以把这些词语看作英文"self"（自我）与古汉语和现代汉语中起相当或同等作用的一批词（这也许正是该学生真正追求的东西，尽管他可能同时会继续怀疑在某些情况下一一对应的翻译是否可能）。不过，对贝拉的问题来说，它的分量并不在这里。因为在我为辨认东亚思想共同倾向而进行思考时，他对我以"自我修养"（修身）为中心特征去概括思孟学派、庄子道学及禅宗学说的特征感到不解。如果按此说法，那对于东亚文化的其他重要特征，诸如群体观念、对神圣经文的重视、传统或习俗以及可共享之价值的威力、为人师表的重要性、政治秩序的首要地位，等等，又应如何看待呢？另外，修身还带有对人的个性、人的内在精神性，甚至人的私我的偏执。贝拉是一位对我们社会中个人主义的最有力的批评家，他特别关注激进个人主义的种种倾向，此类倾向正在暗中破坏着美国公众宗教的社会结构。①

受到这个"问题性"的启发，最引起我兴趣的探索领域之一：就是是否真正有可能找到一种新的自我观，这种自我一方面植根于和他人共同生活的现实之中，另一方面又与超越的真理不可分割。本书第一章是针对社会生物学家们主张进行跨学科考察而准备的背景材料，它简要描述了东亚思想中针对自我实现所采取的双重取向的理据：（1）每个人都拥有进行终极自我转化的充足的内在源泉；通过自我努力，我们就能成圣、成佛或成真人，因为圣性、佛性或道就内在于我们的人性之中。（2）通向至善、涅槃或与道为一的路径是漫长坎坷的。自我修养无止境，在我们一生中的任何时刻，我们都不可以说自己已经功德圆满。对日常生活中人的力量的信念和对个人成长具有无限潜力的慧识这两者之间产生相互影响，使三种东亚传统都把自我视为动态的、整体的和开放的系统，这种系统恰好与私我化的自我概念相对立。不过，这种自我是否有可能既立足于社会而又不失去对超越真实的向往，则尚存疑问。为了说明这个问题，我们需要审视一下

----

① 关于贝拉对"公众宗教信仰"的最近反思，见 R. N. 贝拉和 P. E. 哈蒙德：《多种多样的公众宗教》（San Francisco：Harper & Row, 1980）。关于他对个人主义的批判，见他的《宗教与大学：无信仰的危机》（W. B. N. 讲座，哈佛大学，1982 年）。

构成这种自我概念之基础的形而上学的假定。

第二章提出下述观点，即"存有的连续性"观念作为中国宇宙论思想的一大特色，把修身整个问题纳入了一个特定的框架。尤其值得注意的是，其中隐含着一套概念架构，它可以容纳一种自我观，这种自我观与贝拉追随阿拉斯戴尔·麦金太尔之后称之为"科层制式的个人主义"的自我观显著不同①。为人们熟知的那种二分法，诸如自我与社会、物质与精神、宗教与世俗、文化与自然以及创造者与创造物，依据"存有的连续性"观念，都被降到不那么显眼的地位。一个强调部分与整体、内与外、表与里、本与末、体与用以及天与人的不同的思维模式，则成为支配的思维模式。其中心问题不是种种静态的、机械的、分析的区别，而是微妙的联系、内部的共鸣、双向互动和相互影响。其结果是，中国思想家心目中的宇宙，就成为"自发的自我生成的生命过程"。这种生命过程所固有的，"不仅仅在于它具有内在联系性和相互依存性，而且还在于它具有无限的发展潜能"。②这样，中国人就把宇宙理解为一个如同自我一样的开放系统。由于不存在时间上可指定的开端，因此也不能期望它有一个终点。宇宙

---

① 贝拉：《关于神学教育中的旧的和新的规定》（致神学团体联合会，匹兹堡，1982年6月21日），页8。见麦金太尔的《道德之后》（Notre Dame, Ind.: University of Notre Dame Press, 1981），页33。

② 见本书，页30。

永远在延伸，大化流行不止。① 这种观念对我们人类有如下的启示：

> 我们能参与自然界生命力内部共鸣的前提，是我们自己的内在转化。除非我们能首先使我们自己的情感、思想和谐起来，否则，我们就不能与自然取得和谐，更不用说"独与天地精神往来"了。我们确与自然同源，但作为人，我们必须使自己与这样一种关系相称。②

儒家强调的人文主义，也许初看起来与道家的自然主义相冲突。但是，按照它们对自我修养的共同关注，我们不能说儒家坚持社会参与和文化传承与道家追求个人自由不相容。道家批评儒家的礼仪，儒家批评道家的避世，都体现一种对话式的交互作用，它反映出两家之间存在着更深沉的一致。这并不是要否认两种精神传统的微妙差别，但是，尽管它们存在分歧，它们却属于同一个符号世界。在其中，两者不仅共存，而且由于相互影响而有助于各自的发展。

《儒家论做人》（第三章）原是为一本论文集而写的，出版该文集是为纪念 W. C. 史密斯教授的工作，它阐述了当时

---

① 见本书，页 30。
② 见本书，页 42—43。

宗教研究的某些观点。[①]史密斯曾坚持不懈地努力解决人的宗
教性中历史积累的传统与个人信仰之间的问题。[②]在这个背景
的衬托下，贝拉的问题就获得了新的意义。儒家论学做人这
一构想，曾被孔子定义为"为己之学"，它是以生活在此时此
地的具体的人作为出发点的。这个表面看来似乎具有特殊主
义的、有时间性的、世俗的和个人主义倾向的观点的，却是
建立在对人性的整体见解之上的。这种见解不仅超越自我中
心、裙带关系、族群中心主义、国家主义和文化主义，而且
超越人类中心主义。确实，儒家所谓"与天地万物为一体"[③]
的境界是属于天人兼容的境界，即自我的完全实现，也就是
人性的充分现实化，必然导致天人合一。因此，儒家坚持认
为，自我实现的过程始于自我的具体经验。这不应被解释成
它主张以有限的、历史的和特定文化的东西去排斥无限的、
超历史的和普遍性的东西。按照一种比较宗教学的观点来看，
儒家学习做人之构想的意义就在于，它洞察到在我们深嵌于
俗世的同时，却具有巨大的自我超越的潜能，两者之间存在

---

① 《世界宗教传统：宗教研究的最新见解——纪念 W. C. 史密斯论文
集》，弗兰克·韦林编（Edinburgh：T. & T. Clark, 1984）。

② W. C. 史密斯的学术主张在《宗教的意义与终结》（New York：The
Macmillan Company, 1964）中简洁地提出来了。这本书自问世以来多次再
版：纽约，新美图书馆（蒙特库）1964 年版；旧金山，哈帕和劳联合出
版公司 1978 年版。

③ 王阳明：《大学问》，见陈荣捷翻译的《实践生活的教训和其他宋明
儒家的作品》（New York：Columbia University Press, 1963），页 72。

着一种创造性的张力。

如贝拉提到的，"科层式的个人主义"是马克斯·韦伯所深入分析过的"工具合理化过程的合乎逻辑的结果"。[①] 为了主宰世界而开发经济资源和心理资源，就像韦伯在《新教伦理与资本主义精神》一书中所描绘的那样，可能严重地歪曲了加尔文主义的精神。用韦伯的生动的说法，它导致曾经轻盈地披在近代西方肩上的斗篷，如今已变成工业世界的"铁笼"。[②] 当然，这里不是估价韦伯解释历史的准确性究竟如何的地方。我们也不会因为儒家伦理未曾对从根本上转变西方并进而转变广大世界的工具性合理化过程产生过推进作用而感到什么自慰。但是，韦伯在他的《中国的宗教》一书中，把儒家的精神取向描述为"适应世界"，[③] 倒与我们的讨论有

---

① 贝拉：《关于神学教育中的旧的和新的规定》，页8。

② 韦伯的原文表述如下："清教徒原是在神的呼召下去努力工作，而我们则是被迫工作。因为当禁欲主义超出了寺院的范围，进入日常生活，开始支配世俗道德时，它就成为构建近代经济秩序这个巨大宇宙的组成部分。现在这一秩序与机械生产的、技术的和经济的状况结合起来，以不可抵挡的力量，不仅决定着直接关心经济收益的人们的生活，而且决定着一切诞生于这种机制中的人的生活。对他们的这种支配，也许将持续到挖出最后一吨煤燃尽为止。按照巴克斯特的看法，对外在物的关心，应当仅仅是像披在信徒肩上的'轻盈斗篷一样，随时都可以扔掉'。但命中注定：斗篷将变成铁笼。"见马克斯·韦伯：《新教伦理与资本主义精神》，T. 帕森斯英译本（New York：Scribners, 1958），页181。

③ 马克斯·韦伯：《中国的宗教：儒教与道教》，汉斯·H. 格思英译本（Glencoe, Ill：Free Press, 1951），页235。

关。儒家所提倡的社会的和谐化，似乎是对泛滥西方的个人主义的一种合理矫正。韦伯所发现的儒家伦理中缺少合理化的潜力，如今却被认为是一种铸造社会团结一致的力量。

　　尽管儒家带来的信息可能和我们很有关联，《先秦儒家思想中的人的价值》（第四章）却转向更为广泛的关注。就儒家传统本身可提供的符号资源而言，这种讨论，可为自我观念提供一个新视角，同时又不至于引起个人主义的情调。正如我在第四章的结束语中所说的：

> 　　在历史上，个人主义作为西方社会推动力的出现，可能曾与某些十分特殊的政治、经济、伦理和宗教传统交织在一起。因此，人们似乎可以合理地认为：我们可以赞同把自我视为平等和自由的基础，而拒不接受洛克的私有财产观念、亚当·斯密和霍布斯的私人利益观念、约翰·斯图尔特·穆勒的隐私观念、克尔凯郭尔的孤独观念，或早年萨特的自由观念。[①]

　　最近的学术成果，特别是托马斯·墨子刻（Thomas Metzger）的《摆脱困境》一书已指出：韦伯将加尔文派清教徒内在的禁欲主义与儒家士大夫的入世性格截然区分开来，

---

① 　　见本书，页83。

很可能是错误的。[1] 儒者像清教徒一样，也从对自我价值的内在估量中汲取巨大动力，其合理化潜力同清教徒的潜力一样大，尽管它没有产生与资本主义精神类似的现象。实际上，儒家利用他们的具有转化能力的伦理，也许已经把东亚社会塑造成一种特殊类型的社会——政治秩序的世界，尽管他们并没有按照资产阶级的资本主义方向去改塑自己的社会。

如果儒家的构想，无论是就其精神上的自我界定还是就其历史上的功能而论，都不是"适应世界"，那么，在它的终极关怀中，人类群体的本体论地位究应如何理解？赫尔伯特·芬加雷特在他的富有开创性的论著《孔子——以凡俗为神圣》中力求说明，把社会视为外在"神圣礼仪"，使得内在心灵的假设成为多余。[2] 这意味着，当我们理解《论语》中"个我中心所在处"时，无须假定一个心理意义上的自我。尽管我极大地受惠于芬加雷特的富于洞察力的见解，但我仍然不完全赞同他对儒家核心的价值观念——仁的解释。因此，我在《仁：〈论语〉中一个充满活力的隐喻》（第五章）中的研究，就是为了对芬加雷特关于儒家构想的当初形成的看法既表示欣赏也有所批评。

芬加雷特研究的一个重要贡献，在于他强调儒家关于

---

[1]　墨子刻：《摆脱困境：新儒学与中国政治文化的演进》（New York：Columbia University Press, 1977），英文版，页3—4、18—19、198—204。

[2]　赫尔伯特·芬加雷特：《孔子——以凡俗为神圣》（New York：Harper & Row, 1972），页1—17。

"礼"的思想的普遍性，这就把荀子作为对于儒学之道的重要
贡献者的地位突出出来了。[①] 但是，不论传统的或现代的诠
释儒学的著作都一再指出，没有修身作为参与道德群体之本，
那么，由那些精英分子强加给轻信不疑的群众的种种礼仪规
则，就易于蜕化成权威主义。孟子，这位儒者之道的传承者，
也对以下诸问题怀有浓厚兴趣：道德群体的延续、经典的维
护、圣人传统与既定礼仪以及人民常识的生命力、师道尊严
以及政治秩序的稳定。不过，尽管如此，他还是把个人的终
极的自我转化当作实现社会价值和政治价值的关键。他的人
性论，绝不是对人的可完善性提出天真浪漫的辩护，而是把
我们的注意力引向精神成长的内在源泉。在孟子看来，学习
做人，就意味着要陶冶我们自己，以便我们能变成善、信、
美、大、圣、神。第六章从身、心、神三方面来描述孟子的
自我，是为了向一个研究中国艺术的会议提出一个研究中国
美学的取向。

　　本书的前六章应已说明，在回答贝拉的挑战性问题时，
为什么我不愿转移对于自我修养的强调，并以此来避免一种
可能发生的误解。儒家把自我看作各种关系的中心，这种看
法与西方的个人主义的差别是如此明显，以致强调儒家自我
的社会性，我们就有可能进一步加深一个错误的印象，即个

---

　　① 芬加雷特对孔子的解释，是以他对《论语》的解释学阅读为基础的。
他没有将自己的解释立场和荀子的传统统一起来。但是，他将"礼"作为共
同的行为来强调，这有助于我们欣赏荀子的道德教育的重要层面。

人的尊严、独立和自主不属于儒家的深层价值。我坚持以修身为中心的一个更重要的理由，是我深感如此解说儒家构想最少在我自己看来是正确的。但我必须马上补充说，我这种感觉并不是暂时性的。它既不是一种便于启发的说法，也不是权宜的矫正措施，而是个人的体会。换言之，我经过深思熟虑终于选择从这样一种方式着手，不仅是因为我想采取最好的阐析策略，而且也是由于我自己对于儒家精神取向之实质的理解而激发起来的。

　　我并不认为我们能在 20 世纪的美国用英语来讨论儒家思想时，仿佛孔子、孟子和王阳明使用的古汉语术语经过翻译仍能文辞清晰，毫无含糊之处。有时，在美国大学任教的我的同胞要我相信：与讲英语的听众讨论儒家伦理，其特有的好处在于我们不受一层层堆栈起来的注疏以及注疏之注疏的妨碍干扰。每当遇到这种说法，我都感到极其不安。举一个例子来说，我不认为在例如有关自我观念之类的诸多重大问题上，有可能提出一种统一的未经过分化的儒家主张，仿佛存在一种超时间的智慧；它一旦展现，就会始终在本质上保持同一似的。实际上，根本谈不上会有那种天衣无缝且一成不变的儒家的自我观念。

　　我探讨与儒家的自我特别有关的那些儒家思想的层面，是十分艰难的。我深切地意识到，依据孟子而不是荀子的思路去理解孔子，或按照王阳明而不是朱熹的思路来理解孟子，迫使我只能从一种特别的视角进行思考。因此，即使是在儒家传统的范围内，我的学术观点所具有的普遍性，或者说是普世性，也是有限的。尽管如此，我势必受到约束的这种狭小眼界，却从比较的观点为探索人类永久关注的问题提供了一个具体实在的基础。诚然，当我第一次接触这些见解时，我并没有将它们当作自明的真理。如果我相信它们不能成立，那我就绝不会试图去维护它们。主要是在那些鼓励我将自己的特殊研究与更广泛的一般的问题联系在一起的人们的启发下，我才以这些观点的代言人自任，并认为这些观点是可分享的，甚至是可以普适化的。

依次经过孟子、王阳明的"问题性"所揭示的孔子，会如何回应由贝拉的"问题性"引起的那个自我问题呢？第七、八两章试图表明，出现了构想这种回应的可能性本身就是意味深长的。第七章针对一个相当普遍的设定，即儒家的自我，在诸种社会角色所构成的等级结构背景中，不可避免地会淹没于集体之中。父子关系似乎提供了一个极好的例子。在这个例子中，儒家思想支配下的儿子，为了维护社会秩序而顺从父亲的权威。贝拉认为："儒家对父子关系的提法，阻止了任何恋母情结的矛盾心情所产生的后果，剩下的只有顺从。这种顺从分析到最后，并不是对某一个人的顺从，而是对被认为具有终极价值的人际关系的模式的顺从。"[1] 这种对政治的和家庭的权威之首要性的强调，使贝拉产生下述见解：由

---

[1] 罗伯特·贝拉：《基督教和儒教中的父与子》，收入他的论文集《超越信仰：后传统世界的宗教研究》（New York：Harper & Row. 1976），页95。

于儒家文化"缺少一种超越性的忠诚，因而排除了新教文化所曾产生的那种创造性社会变革的发生，而这种超越性忠诚原可以为这种变革提供合理论证的"。①

　　但是，如果我们的确承认儒家传统中修身的中心地位，那么，支配父子关系的原则就是一种对等交互（"恕"）的，而不是一方屈从另一方的原则。儿子所以要孝顺，不仅是为了对父亲的肉身的尊重，而且也是为了实现父亲的自我理想。进一步说，按照儒家的看法，社会的二分体（指由两人构成的成对的人际关系，如君臣、父子、夫妻、兄弟等）不是一种固定不变的实体，而是卷入丰富多彩和不断变迁的人际关系网络之中的生气勃勃的互动关系，这种人际网络始终是在其他重要的二分体关系的参与下编织而成的。②从这样一种广阔的脉络出发来看问题，儒家思想中的父子关系，为人的自我实现规定了一种给定的、却又可以转化的生存状况。但是，说儒家的自我必然带来他人的参与，并不意谓着它首先突出的只是一种社会学的含义，因而缺乏深刻的宗教含义。

　　　　理解这一点的关键在于，儒家不仅将自我视为
　　　种种关系的中心，而且视之为一种精神发展的动态
　　　过程。在本体论上，自我——我们原初的本性，为

　　————————

　　①　贝拉：《超越信仰：后传统世界的宗教研究》，页 95。
　　②　贝拉：《超越信仰：后传统世界的宗教研究》，页 279。

天所赋。因而，就其可涵润万物而言是神圣的。在这个意义上，自我既是内在的，又是超越的。它为我们所固有；同时它又属于天。[1]

第八章《宋明儒学的宗教性和人际关系》进一步阐述了我对上述主题的思考。这里重申了一个我原先提出过的观点，即"为己之学"。既然作为种种关系中心的自我是一个开放系统，那么，所谓自我实现，就是建立一种层层扩展的人际关系的同心圆。这种逐次扩大的人际关系的圆圈，必须通过自我、家庭、国家和天下等层层结构而发展起来；它也必须超越自私自利、裙带关系、种族中心主义和人类中心主义而保持自己的动力和本真性。[2] 自我的这种扩展和深化的特征，用孟子的话来说，就是"大我"的展现以及随之而来的"小我"的消融。[3]

孟子主张，人心的无限的感受性，为无止境的自我成长提供了基础。通过我们人的感受性的充分实现（尽心），我们就能真正地理解我们的本性（知性）；而通过对我们的本性的理解，我们就能知天。由于把单个人的修身不仅视为人的自我认识之本，而且视为知天之本，因此，孟子认为：自我的终极转化不是个人对其内在精神性的孤往追求，而是一项群

---

[1]　贝拉：《超越信仰：后传统世界的宗教研究》，页286。
[2]　贝拉：《超越信仰：后传统世界的宗教研究》，页298。
[3]　《孟子》，第6卷（上）第15章。

体的行动。也就是说，人际关系是个人追求精神性的完满实现的不可缺少的组成部分。然而，把一个人在各种成双的二分体关系的特殊网络中的境遇看成是事先给定的，绝不是意味着就此完全顺从所规定的社会角色，而是意味着他已认清开展并完成学习做人任务的最切近和最富成效的途径究竟何在。总之，按照儒家的看法，生命的最终意义绝不会在一个"全然的他者"中找到，因为它与我们普通的日常生活是不可分割的。

最后一章《宋明儒学本体论初探》，探讨了宋明儒学主要思想家如何理解人性的形而上学基础。由于他们致力于弘扬孟子关于通过自我努力可以完善人性的信念，所以其中心问题是：我如何才能成圣？由于成圣意味着人性的最本真的展现，因此，这个问题实际上就等于是：我如何充分实现人性？进一步说，既然如上文所言，在儒家看来，学做人必须通过"为己之学"来实现，那么，这个问题也就相当于：我如何才能真正地认识我自己？或者用宋明儒家更精致的话来说，我何以修养我的"身心"，以便我能真正地理解人的本性，并进而知天？

从比较的观点看来，似乎宋明儒家的本体论恰好同康德的形而上学相对立，前者建立在对于人类的感受性——作为自我组成部分的那种去感受、领会和体验不断扩展的实有之能力——确信无疑的基础之上，而后者则以排除任何情感内容的道德意志之客观性为其显著特色。但是，自从我写出这

篇《初探》以来，我就不断地被隐藏在这两种外表看来互相
冲突的形而上学观背后的相同的观点所打动。如果我们深入
探究一下康德想通过"目的的国度"为道德自律奠定形而上
学基础的令人敬畏的尝试，[①] 那么，我们就可以发现：康德对
"绝对命令"所赖以产生的形式和原则的深切关注，可以在宋
明儒家关于内在于人性的"天理"是道德创造之真正源泉的
主张中找到共鸣。在前述伯克莱—哈佛会议上被贝拉强烈否
定的所谓康德学说的"形式主义"，或许只是康德对人欲、自
私自利和自我欺蒙的完全正当的忧虑的一种表层表现，而这
种忧虑，我认为也是宋明儒学思想家所同样具有的。

　　通过与我的良师益友本杰明·L 史华慈的多次切磋，我
认识到：在广泛的比较研究中，把东方与西方（或同样地说，
把北方与南方）截然分开，对深入的思考往往并不能提供必
要的推动作用。毋宁说，倒是两者之间的微妙的和细小的差
别，为批判性的学术研究提供了更大的机会。儒家自我含义
中的"富有成果的多义性"，[②] 使我们无法对贝拉的挑战性问
题给予直截了当的回答，但它可以促使我们按照新的视角来

---

　　① 伊曼努尔·康德：《道德形而上学基础》，刘易斯·怀特·贝克英译
本（纽约，博斯·梅里尔，1959 年），页 58—61。

　　② 我得益于史华慈的这个发人深省的看法。他反对把有待清理的绳头
线尾草草结扎了事的做法。这种看法，无论是作为一种学术风格还是比较思
想史研究中既精密又具有同情态度的方法，都对我们工作具有十分重要的启
发。他发表的《古代中国的思想世界》（哈佛大学出版社），将使我们进一步
看到他对化约论的卓越的批评。

思考这个问题本身。这九篇论文是在一个相当长的时期内出于种种不同的目的写成的，用罗伯特·C.内维尔的客气的说法，它们所"尝试的是传述和诠释，而这正是孔子本人对自己的理解"。不过，这些尝试不仅仅是对儒家自我概念的传述和诠释，而且也对应当如何探索儒家传统中的丰富资源提出一些方法，以纾解把儒家的自我作为创造性转化的观念加以理解的困难。

一 东亚思想观念中的"道德共范"*

东亚思想的显著特点体现在一个被普遍接受的命题上，即人可以在日常生活中通过自我努力而完善起来。这个命题是以两个相互关联的观念为基础的：（1）人之为人的独特性是一个伦理宗教问题。若把它还原为生物学、心理学或社会学问题，就不可能得到适当的解答；（2）自我发展的实际过程不仅是对纯粹道德或精神性的追求，而且必然要涉及人类生活的生物学的、心理学的和社会学的现实。为了方便起见，我把第一个观念作为一种本体论准设，而把第二个观念作为一种经验性主张。在本章中，我先对上述那个命题做些总的考察，指出东亚思维方式中与我们目前讨论有关的某些显著特征，然后，我将较集中地研究一下上述两个基本观念。出

---

* moral universal 暂译"道德共范"。universal 一词乃借用语言学家 N. Chomsky 提出的 linguistic universal 中的 universal，指的是人类天生的共同的语言构架。

于简洁之目的，关于东亚思想的讨论，只限于儒家的孟子学派、道家的庄子传统和佛教的禅宗思想。

首先应当指出，我们所研究的"三教"的中心关切，都是"自我认识"。由于根本就不存在作为道德或精神性终极来源的"造物主"的概念，因此根本不存在求助于"彻底的他者"来作为人的可完善性的真实基础。毋宁说，其重点在于学习做人。这种学习以一种永无止境的内在明觉和自我转化的过程为特点。儒家以成圣为理想，道家寻求成为"真人"，佛家则关切回归人的"本心"。这些都表明，东亚思想的归趋可以说是一种向后退回到真我的出发点的认识道路。

这种意义的"认识"，并不是对客观真理既定结构的认知性把握，也不是内化技能的获得。它基本上是对一个人的精神状态的理解和内在情感的体验。由于假定对自我的真正认识必然导致改造自我的行动，因而在这个意义上的知，就不仅是反思和理解，而且是塑造和创新。认识自我同时就是完善自我。我认为，这就是东亚思想之所以既注重解答真正的自我是什么，也同样注重解答如何磨炼自我的问题的主要理由。对儒家、道家和佛教徒来说，自我认识主要是一个宗教伦理问题，尽管它不可避免地带有认识论的内容。

在更深一层的意义上说，自我认识既不是要"知道什么"，也不是要"知道如何去做什么"；它实质上是一种无对象的觉知，是人类"智的直觉"的可能性的实现。自我认识不过是人的真正的本性（儒家的内在的圣性和禅宗的佛性）的显现。

而真正的本性不仅是一种有待认识的存在，而且是一种自我创造和自我导向的活动。不过，虽然自我认识不依赖于经验之知，但是它并非与感觉经验或"见闻之知"不兼容。因而，自我认识同经验之知的关系，既可能相互对立，又可能相互补充。道家以一种极端的形式认为，为了体现道，人们在求道的过程中必须首先放弃自己所已获知的一切。但是，放弃关于世界的支离混乱的看法是一回事，把自己封闭在一个完全自我陶醉的状态而失去现实感则是另一回事。一般说来，东亚思想在集中注意自我认识的终极价值的同时，也是认真对待经验之知的。

　　这里有必要对"智的直觉"的观念作一些阐发。"智的直觉"观念与非理性主义和神秘主义有重大区别。诚然，它确实宣称能直接认识现实而无须逻辑推论或推理。但是，与那些通常和神秘主义联系在一起的东西不同，它与神秘的启示几乎没有什么关系。事实上，沉思静观作为一种不用理性思维而直接认识上帝的真正本质的方式，其整个传统对东亚思维方式是陌生的。毋宁说，每一个人都具有"智的直觉"的可能性是以这样一个假定为基础的：既然人与天地万物形成了不可分割的统一体，因此，他的感受性在原则上是无所不包的。造物主和被造者之间的神学上的区分，意味着在神的智慧和人的理性之间存在一条不可逾越的鸿沟。但是，在这里这种区分则被李约瑟转变成为所谓有机论的洞见。① 因而，人被看作生来就具有深透物自体的潜能和洞察力。或用禅宗的话说，即具有看穿"生死轮回"② 之如如的卓识。这与基督教关于人性中生来就有神性的观念相似：在人堕落以前，人是按上帝的形象创造出来的；在中世纪基督教的思想中，人有时被定义为有限的神性。

如果这种有机论观点被理解成不过是原始物活论③ 的一种形式，即一种显然与自然现象的科学解释相冲突的教义，那是不幸的。有机论的见解，绝不是对个体中摆脱肉体的精灵之持续存在和相互作用的盲目信仰，它似乎是一种既不否认也不轻视人的独特性的哲学人类学结论。事实上，它同意非进化论的见解，即人类发展史有它自身的特殊结构，而这种结构不可能用支配整个动物界的一般法则加以充分说明。不用说，有机论也不承认有一种住在现实世界的任何物质形态中的分立的精神。因此，把有机论见解当作一种生态学的洞见，将人放到一个极其复杂的相互依存的网络中，或许并不牵强。

----

① 李约瑟等：《中国科学技术史》6 卷本（剑桥：剑桥大学出版社，1954 年起出版），第 2 卷，页 287。

② "轮回"为佛教用语，意为如车轮回旋不停，众生在所谓三界六道的生死世界循环不已。

③ 物活论，亦称"万物有灵论"。认为自然界所有物体都具有生命和精神活动能力的哲学学说。

　　假如不把有机论的见解看作物活论，而把它看成人类中心论的一种形式，也是同样不幸的。人有"智的直觉"的可能性，不应当被看成一张让人的意志强行操纵自然的许可证。普罗米修斯式的对抗挑战和浮士德式的焦躁不安，与东亚思想所珍视的和谐——既作为社会目标又作为宇宙理想的和谐——的价值是完全不兼容的。相反，人的意志的真正表现应视为是终极的自我转化，是一种自我解放，而不是一种对外的征服。对儒家、道家和佛教徒来说，知识是一种启迪，一种自我察照的力量。只是在其扭曲的形式中，知识才变成一种征服的力量。按照这种思路，要完全成为人，就需要有使自我与日益扩大的关系网络经常保持和谐的勇气和智慧。这就需要一种超越人类中心论限制的视角。

　　但是，这个超越的视角绝不允许脱离我们所生活的此时此地的世界。东亚一切主要精神传统之所以都强调把内在体验当作宗教伦理考虑的基础，其部分原因即在于兹。这种内在体验不仅仅是为系统分析提供思想范畴的那种抽象的"内在体验"，而且是进行哲学思考的思想家的具体的内在体验。宗教和哲学的界线不可避免地被模糊化了。通常与心理分析学科相联系的东西，都变成在宗教上和哲学上有关联和有意义的东西。东亚思想有意识地拒绝——或者也可以说没有能力使自己遵从——具有现代高等教育特征的学科划分。这不单纯标志着东亚思想缺乏分解性，而且标志着它具有那包含着丰富内容的模糊性的整体性。确实，日常经验，如饮食起居都被看作对道德和精神的自我发展具有重要象征意义而受到重视。

举例来说，在儒家看来，每个人的行为都可视为一种古老仪礼的重演。每一姿态，例如饮食，在养成适当形式以前都需要经过大量的练习。只有通过社会认可的形式，人们才能建立起为自我修养所必要的交往。这样，人的成长可描述成一种礼仪化的过程。然而，据此就把儒家说成是一种仪礼主义，则是一种误解。把已牢固建立的社会规范强加给那些不得不屈从于拥有无限权力的社会之中的个体，充其量只是把儒家意识形态加以高度政治化控制的结果。与此相反，儒家伦理学是建立在人所共有的情感，例如设身处地恻隐之心之上的。这里的礼仪并不是一种固定的规范，而是一种灵活的、动态的程序。有了这种程序，自我实现作为群体参与的具体手段，而不是作为对内心真理的孤独追求，就成为可能。禅宗的"顿悟"（satori）之说表面上看似乎与礼仪化了的世界针锋相对，但是，正如禅宗大师们一直提醒的，有明觉的体验是对常识的肯定而不是否定，因为诸如担水、劈柴一类的简单活动，都是成佛之道。同样，道教也肯定人的普通生存的固有价值。它们在某种意义上都涉及了实际生活的艺术。

东亚思想家们所谓人的概念——不受超验的上帝的干预，却需在日常生活中自我完善的人的概念——只有在一种异常深沉的宗教意义上才是无神论的。现在指出这一点至关重要。对自我实现的终极关怀，实际上需要一个内在的道德转化和精神转化的无止境过程。然而，生命的目的性，并不是一种由上帝预定的和谐的宇宙设计①意义上的目的论。事实上，人类经常悲惨地处于漫无目的和孤立无援的境地，犹如漂泊在"永不宁静的波涛之中的无舵之舟"。用活力论的内在活力来规定圣性或佛性是错误的。人能够成圣和成佛，因为他们被赋予了道德的"萌芽"［"端（绪）"］或明觉的"种子"。但是，认为这些萌芽和种子在功能上就相当于某些活力论者所断言的那种东西——一种假设用来保证人类机体达到成熟的、内在的但是非物质的能力，则是很成问题的。理由之一就在于，儒家和佛教都认为精神性和物质性的二分法是毫无意义的。儒家所谓"心"（它不得不被笨拙地译为"heart mind"），就是典型的一例。孟子企图将人生的情感方面与自我发展的其他层面综合起来，认为"践形"的实现是自我修养的最高表现。在禅宗，涅槃即红尘的论断及其派生的所有观点，显然拒斥形体与心灵之间人为的两分法。耐人寻味的是，东亚思想中的三教所共有的基本隐喻都是道。

根据以上讨论，东亚的道得以表达的论说情境，至少有以下特征：（1）探询者既是外部观察者，同样也是内在参与者。要说自我认识的一般问题完全与探询者本身的自我认识不相干，那是不可思议的。事实上，随着探询过程的展开，

① "预定和谐"是德国哲学家莱布尼茨的术语，意为由于上帝预先做好安排，构成世界上一切事物的"单子"才和谐一致。

探询者对一般问题理解的深化和拓展，只能达到他的个人转化对此理解所能切身印证的程度。然而，（2）如果由于东亚的道非常强调内在体验就推断它是主观主义的东西，则是错误的。实际上，"智的直觉"的观念并不给任何特殊的个体以通往真理的特权。个体性概念是与它毫不兼容的。毋宁说，它是以对共享性和共同性的强烈意识为基础的。换句话说，被认为完全属于个人的这种体验根本就不是个体所私有的；自我认识之所以是内在体验的一种形式，正是因为它与他人的内在体验相共鸣。因此，内在性并不是一种唯我主义的状态，而是交往的现实基础。或用道家的话说，是"神会"的现实基础。正是在这个意义上，（3）先前提及的有机论观点既不是万物有灵论，也不是人类中心论的产物，而是人类在日常生活中寻求生命终极意义的超越观念的产物。当然，人们常常以为理所当然的是，在人类日常生活中永远找不到生命的终极意义，通常所见的灵魂与肉体或神圣与凡俗之间的区别，就清楚地表明了这一观点。与此相反，论说东亚之道的"三教"都主张，日常生活不仅是一切有意义的道德和精神旅程的起点，而且也是它的最后归宿。它们相信，在任何伦理宗教传统中，对永恒价值的真正检验是常识和健全的理性。但是，它们绝不颂扬日常言语中枯燥无味的陈词滥调。实际上，它们对日常生活的关注所表现出来的精神实质，委实说来，就是赫尔伯特·芬加雷特所谓的"以凡俗为神圣"①

---

① 参见芬加雷特：《孔子——以凡俗为神圣》。

的东西。

依据这种思路，我们可以就上述本体论的准设再说几句。做人的独特性，首先必须超越人们熟知的各种形式的化约论。仅仅依据生物学、心理学或社会学的结构和功能来界定人性，是错误的，因为更广泛地从多方面去把握人性是必要的。然而，尽可能地把"人"的特点加以经验罗列，也是不能令人满意的。使用这种办法来讨论我们的问题，势必从根本上对我们的问题意义作出原则性改变。换句话说，对于做人的独特性问题，永远也无法从科学上作出解答，因为生物学、心理学和社会学的发展从来就无意为它提供答案。

因此，关于人性的可完善性的设定，在经验上是不可证明的。然而，它肯定不是理性所不能理解的未经验证的盲目的信仰。它的层次是本体论的，因为它指出了一种理解人的存在的方式。当然，可完善性预设了可塑性和可变性。一般说来，完全可以想象塑造或变化的结果未必会产生原先所期望的完善，因此，人性似乎也可以被看成是可堕落的，就像可以被看成是可完善的一样。然而，"三教"都进一步主张，人性中有一种固有的自我发展的道德和精神倾向。只有当这种固有倾向遭到内部和外部的复杂原因挫伤时，人性才会被破坏或误入歧途。正是在这一点上，孟子才坚决主张把人性的善看成是自我实现的真正基础。因此，在这里有必要对孟子的这一论点加以简要的阐述。

孟子断言，每个人都赋有"善端"，也即人们所熟悉的

"心"的感受性。心固有四种基本人类情感的萌芽：恻隐之心、羞恶之心、辞让之心和是非之心。尽管社会环境和心理环境在人的成长中起重要的作用，但这些情感萌芽的力量却是道德或精神的自我发展的内在结构性原因。严格地说，道德性或精神性不是通过学习而内化的，而是通过学习表现出来的。因此，在孟子传统中，学习做人被看成是内在道德和社会规范的一种"相濡"，而不是把外在价值强加给未经教养的心灵。事实上，心既是认知器官，又是情感器官，既象征着意识，又象征着良心的功能。因为它不仅反思现实，而且在理解现实时也塑造现实，并创造现实对自身的意义。

同样，在道家看来，内心的慧照是自我解脱的真正基础。儒家的价值，例如仁与义之类，被庄子当作不必要的东西抛弃了，并被看作无益的社会和文化的制约，妨碍本性的自然发展。然而，对道的追求却需要一个终极的自我转化过程。这一过程既不诉诸灵魂不朽，也不诉诸上帝的存在，而是诉诸真我所固有的"智的直觉"。禅学的"慧"，通常译为"直觉的智慧"或"不二之知"，也是指心灵的不可剥夺的品质。这种品质在每个人身上以真实的佛性表现出来。

与此相应，"三教"尽管对道德和精神的自我发展的实际过程有不同的看法，然而儒、道和佛却都有一个基本信念，即虽然从存在状况说人达不到他们所应当成为的那个样子，但他们可以通过自我修养而完善起来，而他们能够充分完善的根据就内在于他们自身之本然。因此，既非过去的原初状态，也非未来的乌托邦设计，而是此时此地的人类所处的状况，成为他们关注的中心问题。正是在这样的意义上，关于人的可完善性的本体论设定，必须用关于具体道路的经验性主张来补充。通过这条道路，人自己固有的"萌芽"和"种子"最终就能结成果实。这可以说明东亚思想中某些貌似简单的悖论。诸如：

①人人皆有成圣的本性／实际上没有人能自称圣人，即使是孔子也不例外。

②一切有感知的存在物都秉赋有佛性／不通过圆寂永远无法进入涅槃。

③道无处不在／只有最敏感和最精微的心灵才可闻道。

应当指出，萌芽和种子仅仅构成这方面所使用的多种形式的隐喻之一。另一个经常使用的比拟是深掘和深钻，它暗示着个我亲知（personal knowledge，又译为"个人知识"）具有多种程度和层面。一个人，只有当他深察自身存在的最深层根基之后，才能真正品尝到他的具有明觉的自我的"滋味"，同时也才能富有意义地提供与他人沟通并真正理解事物真实的可能性。如此设定的自我，绝不是孤立的和封闭的个体，而是人类群体的每个成员都可达到的一种可分享的共同性。不过，这里的共同性绝不意味着等同划一。注意到这一点是十分重要的，因为当它为不同的人所感受、所表现时，必然会获得各种不同的意义。唯心主义关于一切理性的存在者最终都会意见一致的观点，有很大局限性，因此，它不能说明东亚思想中共同自我的复杂结构。也正是在这个意义上，三教都承认道德的和精神的自我发展，不仅必须包括逐步完善的各阶段中的汇聚归一，而且也包括所追求的道路的多样化。伦理宗教思想中的排他主义之所以被拒绝，主要因为坚持单一道路不能容纳作为整体的人类的不同利益和关切。对我来说是最好的道路，对我的邻人未必是最好的。这种认识是东亚社会和文化中不同的甚至相冲突的信念得以和平共存的不可少的心理要素。例如，有意以否定形式加以表达的儒家的金科玉律是："己所不欲，勿施于人。"

不愿将自己的做法强加于他人，是考虑到他人的人格尊严，并且也认识到人永远不能像理解自己那样在同等范围和同等程度上充分地理解他人。然而，无知的纱幔不应当妨碍一个人不断努力去同情他人以之作为他自己寻求自我认识的组成部分。确实，群体意识——这是有机论观点的一种表现——在道德的和精神的自我发展中是绝对重要的。三教中唯有儒家毫不含糊地断言，社会对于自我实现不但是必要的，而且具有内在的价值。道家和禅宗似乎不重视人际关系，但无论是道家还是禅宗，都不小看生活的世界，而认为它是衡量宗教伦理发展的富有意义的脉络，因为来世、天国和地狱的问题被他们有意地淡化了。我想，正是这种在尘世中互相归属之感，使得三教一致努力铲除所谓"个人主义"的谬误。儒家对自我中心论之错误的揭示，禅宗对信靠唯我论的警告，道家对忘我的提倡，似乎都指向超越私我境界以参与共享理念的必要性。

由此可见，三教的基本观点是一致的，即平等而不划一。道德的和精神的自我发展可理解为主体性逐渐深化的过程，但不应当把这一过程看成是对一种纯粹道德或精神性的追求。内在真理是与脱离人类的某种超越的实体神秘地联系在一起的观念，在东亚思想中根本不起重要作用。臻于完善的自我绝不能被想象成一个具有超人品质的非人格化的实体。这也可以部分地说明，为什么三教都缺乏教士（一种假定介于凡俗和神圣之间的精英分子）。儒、道、禅的大师们被看成是模范导师。他们可能试图指导、训练和启发学生，但其目的永远在于唤起学生的自我努力，因为自我实现的最终根据在于一个人自己的内在力量。

从这些观点来看，"道德共范"具有双重意义：（1）人类是有道德的，作为可自我完善的存在物，他们不可能仅仅受求生存的本能驱使，亦即仅仅是受维系群落稳定及其种属延续的必要和需求所制约。人之为人的意义具有其独特的个人性质，因此，各种功能性的解释，不管它们试图囊括的范围多大，都难以逃脱化约论的危险。确实，人的简单行为，诸如饮食起居等，都有深刻的象征符号意义，使它们在质上不同于其他动物的类似"行为"。人的饥饿，从自然主义的观点来看，可能不过是动物王国的共同生理状态，但在象征符号意义上却是一种特殊现象。因此，人的发展，其内容远远超过生物性的机体生长、心理上的成熟和社会规范的不断内化这三者的结合。（2）不过，人也不可避免地是生物的、心理的和社会的人，并且为了实现自身，他们必须把这些限制转化成自我发展的必要"媒介"。要学习成为人应当成为的样子，远不是要完全否定人现存的样子，而是必须从有鉴别性的自我反省开始，从"近思"开始。因此，共同体验到的情感就成了培植个我亲知的出发点。能真正拓宽人的视野和深化人的意识的，不是禁欲主义，或许倒是平衡的摄食；也肯定不是神秘主义，而是训练有素的心灵。"静坐""调息"或"坐禅"的方法，虽然在不同的传统里的重要程度大不相同，但它们似乎都暗示着，那既已给定的"身心"毕竟是伟大的伦理宗教洞察力产生的具体场所。那种不承认生物学、心理学和社会学因素的所谓纯粹的道德和精神性，是一种不可能为东亚思维方式所接受的说法，正如极端形式的行为化约主义不会为它所接受一样。孟子的话可谓精辟之至，他断言，如果我们能充分地扩展那种不忍人之心的共同情感体验，那么，我们的人性就会无穷无尽地丰富起来。

更进一步的思考

我曾为在达莱姆召开的"道德的生物学基础"研讨会准备了一份关于东亚思想的概述，其目的是给这个研讨会提供背景材料。现在回顾当初，尤其是根据克利福德·格尔茨对我的论述所作的发人深省的评论，我想提供一些也许对我们协力提出的心理学和哲学问题有直接关系的看法。为方便起见，我把我们的注意力引向王阳明的思想，因为人们认为王阳明曾把佛教禅宗的智慧、道家的审美感受力与儒家对人文主义的关注结合起来。这可以帮助我们更集中地注意所谓三教的显著特点。首先应当指出，王阳明，这个被称为前现代中国极富独创性和影响力的思想家，是一位杰出的学者兼官员。他自觉而认真地把他的形而上学理念付诸实践，并通过他自己的心路历程证明他所坚持的信念。实际上，他一生的历史就是他所提出的"知行合一"理念的典范，他把这种理念视为自己思维方式的显著特点。

1. 大人者，以天地万物为一体也

王阳明的《大学问》开篇就这样写道。这是他毕生详尽阐述的中心论点的一个纲领性见解。他在这里所要表达的，既不是一种知性的理想，也不是一种道德的训令，而是如同格尔茨指出的，主要是"一种支持道德性的共同的感情体验"。这种共同的情感，被明确地描述为"不忍人之心"。使人误以为只是简单的经验之谈的背后，是那本体论的关于"心中之仁"的论断。大人之所以能以一种真诚的和自发的方式表现他对另一种东西（人、动物、植物或石头）的移情和同情，其原因就在于心本身的结构。确实，王阳明追随孟子主张"不忍人之心"是一种生来就有的能力，而不是通过模仿习得的

（尽管它必须强化和锐化）。当然，这并不意味——用沃尔夫（P. H. Wolff）的话来说——人类感受性的成熟"不受具体社会环境影响"。相反，从机体发展的观点来看，这种能力倒像一枝娇嫩的幼芽，如果得不到适当培育，就很容易受到挫伤。

人的这种油然而生的感受性的对立物，常被人们说成是自私（或自我中心），即拒绝分享、关心以及给他人以感情。自私行为显然和莱茵戈尔德（H. L. Rheingold）和海伊（D. F.Hay）称作"幼儿的前社会行为"，是互相冲突的。莱茵戈尔德和海伊从经验层面所肯定的幼儿的善良品质，无论从本体论或本体发生论上说，都是心所固有的原初能力。不难理解，人的成长依赖于学习者（例如幼儿）作为一个"伙伴"，甚至于说，作为一个"社会化"的人（一个关心、同情他人并与他人分享的成长过程中的"大人"）的积极参加，这种依赖程度绝不亚于通常称之为来自外部的"社会化"过程。这条中间道路也必须既排斥"规范性的生物学主义"，又排斥"规范性的社会学主义"。

王阳明所阐明的观点，实际上是以一种形而上学的理念为依据的。如果正确地加以理解，那么这种见解是与亚里士多德和康德式的主张相一致的。即对人类来说，"理性"之所以是最有价值、最基本的东西，恰恰就因为它不受遗传的约制，因而完全"与生物学无关"。例如，人类社群所共有的普遍情感的先天性，被看成是构成天地万物之基础的同一个"理"的表现。的确，万事万物中只有一个"理"。这个"理"

在本质上可为"心中之仁"所知。这种体现于每一具体事物的"理"，与柏拉图的空洞的理念不同，它是饱满充实而又包罗万象的"理"。在此处，人与动物、植物或石头之间没有本质区别。人的独特性，就在于他具有认识并通过自我努力来彰显他身上的"理"的能力。

人之所以有这种能力，是因为从本体论上说，他被赋予自我实现的"仁心"。按《中庸》的传统，自我实现必须伴有他人的实现。但是，在实践中，如果不付出坚持不懈的努力去实现自我的发展，人就会在实际上变得像顽石一样感觉迟钝。在中国文献中广泛运用的这一比喻似乎暗示，尽管人是体现宇宙之"理"的最有觉情的存在物，但他的现实状况，也可能最终变成他能够变成并本应变成之状况的拙劣的仿制品。道德不仅是人的权利，也是人的义务。这使我们想起康德。然而，与康德不同，王阳明相信，"理"是最终意义上的人性的真正含义。结果，康德主义的形式主义的取径，在这里为一种对道德情感之普遍性的诉求所取代。这种情感有生物学的根基，但不是由遗传决定的，因为"理"和"仁心"是同一实体。

2. 存天理，灭人欲

一方面认为"心中之仁"具有普遍性，另一方面又认为人的伟大就在于最大限度地发展这种共同情感。在这个论断中，隐含着人的两种相互冲突的形象。他能在心中"体验"宇宙，这种体验是活生生的具体经验，而不是单纯的理智投射。用周敦颐（1017—1073）的话来说，被这样设想的人，象征着宇宙创造过程的"最灵"。（周敦颐认为："万物生生，而变化无穷焉。惟人也，得其秀而最灵。"）不幸的是，人也很可能受到"人欲"的限制和腐蚀。而"人欲"既有生物学根基，又有社会环境方面的条件，以致他实际上能对自己及其最亲近的家人采取非人性的虐行。即使没有关于"堕落"的神话，从人的道德到不道德的可能范围也是非常广阔的。人可以超越人类中心主义（更不用说唯我主义和种族中心主义），担当自然的监护人，但是他也能表现出对自己和其他存在物的侵犯性，成为宇宙中最具破坏性的力量。

由此可见，"天理"与"人欲"之间的对比具有重大意义。王阳明认为理所当然的是，真正的人性必然表现为最普遍意义上的"理"。吊诡的是，"人欲"，作为自我之有限的和扭曲的表现，有碍于心的原初的律动。这就是"人欲"又被称为"私欲"的理由。就像自私阻碍着自我真正发展一样，"人欲"也妨碍着人性的真实表现。因此，王阳明认为："为大人之学者亦惟去其私欲之蔽，以自明其明德，复其天地万物一体之本然而已耳。"

事实上，必须把存天理和灭人欲理解成自我修养的统一努力，它表示人的终极转化的整体过程。在这方面，关键的概念是"意"（意向），尤其是表现天理所赋予的"明性"的意志行为。因为，如果不通过一种日益纯化深化的心灵去不断寻求自我认识，私欲就不可能消灭。就"理"而言，人的本性也仍然是混浊的。我想，这就是王阳明之所以如此高度强调把"立志"作为真正做人的无限过程之首要步骤的主要理由。这个观点似乎颇似詹纳（F. A. Jenner）的说法。在詹纳看来："如果我们行动时就仿佛道德并不依赖于意向。准确地说，不依赖于意向性，我们就不能进行日常生活。"我们可以猜想，对王阳明来说，道德必然导致意向，而意向既是一种有意识的知的状态（心的方向性），也是一种有良心的行的过程（心的转化效应）。也许在这个意义上，我们可以同意图列尔（E. Turiel）关于道德和习俗的区分，但无须赞同两者乃"进行社会调节的不同方面"的说法。

3. 致良知

前面说过，儒家的所谓"心"，必须译为"heart-mind"，因为它涉及人类意识中的认知和情感两个方面。这种"富有成果的歧义性"，也许是有意拒绝，而不是实际上未能把良心和意识截然区别开来的结果。对王阳明来说，作为认知的意识和作为情感的良心，不是心灵的两个相互分离的功能。毋宁说，它们是一个动态过程的整体的组成部分。人通过这个过程意识到了自己是一个道德存在物。确实，道德的来源有赖于两者在"前反思"功能中的不可分割性。王阳明借用孟

子的一个经典术语，把这种前反思功能定义为"良知"，以
表示人的直觉的最深层状态。在这种状态中，知行合为一
体。这种良知——也可理解为对"仁心"的一种更精微的描
述——一旦与世界相遇，就创造出人类所理解的价值。在这
个意义上说，学习做人就包含了人的"良知"的不断发展。
我看不出这一思路与纳格尔（T. Nagel）的分析有何明显冲突。
纳格尔认为："使自己的前反思或自己固有的种种反应接受批
评与修正并创造新的理解形式的能力"，是人类从自己身上所
发现的独具品质。但是，我必得承认，王阳明的"良知"不
仅仅是一种知性功能，也不仅仅是知觉和动机的起点。当然，
它与生物本能论更是风马牛不相及。事实上，它是一种感知
方式，前面我曾把它作为"智的直觉"的功能提到过。其特
征是，作为一种批判的自我意识，它能理解我们的真正本性
并把握物自体。这就是康德认为人所不可能具有的那种能力。

　　要为这一貌似狂肆的主张作辩护是比较简单的："认识
你自己"就意味着要认识你的本性中所固有的"理"。既然总
的说人和事物的基础是同一个"理"，那么，其他理解形式由
此产生的程序与自我认识的程序，归根到底就是同一个程序。
但是，设定自我认识所达到的水平必然会产生相应的对人类
和事物的总的认识水平，并不就是主观唯心主义的表现。因
为，这样理解的真我绝不是孤立的实体。唯我论的困境（它
也许是自我中心的极端情况）如果与此点有关，也可以通过
直接诉诸共同情感的经验而在实际上予以排除。对宇宙一体

的体察，或用张载（1020—1077）富有诗意的话来说："乾称父，坤称母……民，吾同胞；物，吾与也"，是按照儒家传统来进行理解的根基。因此，困扰着怀疑论者的关于外部世界和他人心灵的整个哲学论争，从来没有得到发展。至于说这种思维方式最终是否会导致一种万有精神论，①那已超出了我们现在讨论的范围。不过，显而易见，这里介绍的主张与那种认为用生物的或物理的结构本身就能解释人的道德的观点，是根本对立的。

　　这种思路，关注的是人的经验的共同性和可分享性。确切地说，是存有的统一性和连续性。它和查尔斯·弗里德（Charles Fried）所要求的对多样性应多多容忍，两者之间的分歧，或许只是强调的重点不同而已。不过，我在想：既然承认人的同一性是自由的、理性的，正在进行抉择的存在者之所以具有道德性的基本预假，并以此为中心论点，那么这种看法怎能自身不预设一个良知，从而使人意识到尽管人各相异，但受到同等尊重却是可能的？毕竟，"在自由中看到伦理价值之核心"的康德感到应该把道德上的选择界定为一种责任、一种绝对命令。我相信，对人的价值作出一种"信赖性承诺"［迈克尔·波拉尼（Michael Polanyi）意义上的"信赖性承诺"］，是"道德自律原则"的基础。

---

　　①　万有精神论，亦称泛心论，是一种主张宇宙万物都具有精神或心理活动的哲学学说。

二　存有的连续性：中国人的自然观

存有的连续性，是中国本体论的一个基调。中国人的这一信念，在中国哲学、宗教、认识论、美学和伦理学中有着深远的影响。牟复礼（F.W.Mote）评论道：

> 局外人感到很难探明的基本点是，在古代的和当代的、原始的和文明的各民族中，唯独中国人显然没有创世神话。也就是说，他们认为世界和人不是被创造出来的，而是自发自生的宇宙的中心部分。在这个宇宙中，不存在外在于它本身的造物主、上帝、终极原因或意志。①

---

① 牟复礼：《中国的思想基础》（New York: Alfred A. Knopf, 1971），页 17—18。

这一大胆论断，在汉学家中引起争论是可以理解的。牟复礼发现了中国人思维方式的一个鲜明特征。用他的话说："真正的中国人的宇宙起源论，是一种有机过程论，即整个宇宙的所有组成部分都属于一个有机整体，它们都作为参与者在一个自发的自我生成的生命过程中相互作用。"①

牟复礼着重选择中国宇宙起源论的这一独特性进行考察，尽管显示出他确有卓识，可是他对这种独特性的界说却是可以商榷的。试举一例，中国文化史中表面上缺乏创世神话，是以对实有的一种更为基本的设定为基础的。根据此种设定，形形色色的存有都有机地联系在一起。其实，中国古代思想家对世界的创造问题怀有浓厚兴趣，其中有些人，特别是道家，甚至推究过创造主（造物主）和宇宙得以产生的过程。②由此可以认定，中国土生土长的创世神话是有的，虽然即使最优秀的历史学家所留下的文字记载也未能提供足够的信息来重构这些神话。③真正的问题不在于有没有创世神话，而是在于关于宇宙的某种基本假设：宇宙和它的创造者是连续的还是非连续的。假定我们所知道的宇宙是由"大爆炸"创造

① 牟复礼：《中国的思想基础》，页 19。

② 关于这一问题的发人深思的讨论，见季拉都特：《早期道教中的神话和意义》（Berkeley: University of California Press, 1983），页 275—310。

③ 有关的富于启发性的方法论论文，见威廉·G. 布尔兹：《共工与洪水：〈尧典〉中倒置的神话即历史论》，《通报》67 号（1981 年），页 141—153。布尔兹教授重构共工神话的努力，表明了中国土生土长的创世神话有可能存在。

的，中国古代思想家们不会对这一假定产生阻力。但他们可能不会接受的是这样一种观念，即进一步宣称存在着一个人类无法理解的、外在的有灵知者，他意欲宇宙如此诞生。当然，这种情况不是中国人所独有的。古往今来的许多民族，都对随心所欲、无中生有地创造世界的上帝观念感到不安。在中国神话中所缺少的，并不是创世神话本身，而是这种神话的犹太—基督教的形式。但是，中国人像人类历史上的许多民族一样，把存有的连续性视为自明的真理。[1]

　　从这个基本信念引出的一个明显结论，就是所谓自发的自我生成的生命（生生不已）之过程所具有的包罗万象的性质。严格地说，并非由于中国人缺乏一个外在于被造的宇宙的上帝观念，他们才不得不把宇宙的起源看作一种有机过程；毋宁说，正是由于他们把宇宙看作是连续创造活动的展开，才使他们不能想象"由上帝的手或上帝的意志从无中创造世界的观念，以及其他一切类似的机械论的、目的论的和有神论的宇宙观"。[2]促使中国人将自然看成"各种非人格化的宇宙功能的包罗万象的和谐"[3]的，是他们对存有连续性的信奉，而不是由于他们缺乏创世神话。

　　中国人心目中的世界模式，属于荣格所谓的"肯定无疑

---

　　① 杜维明：《试谈中国哲学中的三个基调》，《中国哲学史研究》1981年第 2 期，页 19—25。

　　② 牟复礼：《中国的思想基础》，页 20。

　　③ 牟复礼：《中国的思想基础》，页 20。

的心理与生理交融的结构"，① 它被李约瑟描绘成"由种种意志自行合成的、无人赋予的有序和谐"。② 李约瑟所描绘的中国人的有机宇宙，是由动态的能量场而不是由静止的物质实体所构成的。确实，精神与物质的两分法根本不适用于这种心理与生理交融的结构。构成宇宙的最基本材料，既不是单一的精神，也不是单一的物质，而是兼有两者。它是一种生命力。这种生命力不应当被看成游离于肉体的精神或者是一种纯粹的物质。③ 陈荣捷在他的很有影响的《中国哲学资料选集》一书中指出，中国哲学并没有在能量和物质之间作出区别。他还进一步指出，杜布斯（H. H. Dubs）把这个中国本土的术语"气"译为"matter-energy"（物质—能量），"基本上是正确的，尽管有些笨拙且缺乏形容词的形式"。④ 陈荣捷

① 见荣格为《易经》所写的前言。《易经》由凯里·F. 瓦列斯从理查德·威尔海姆的德译本译成英文，沃林根丛书第 19 卷（Princeton: Princeton University Press, 1967），页 24。

② 李约瑟的完整陈述如下："这是由种种意志自行合成的、无人赋予的有序和谐，就像民间造型舞蹈中的舞蹈者自发的（就造型来说）但却是有序的活动，没有一个人受规则约束去做他们所做的动作，也没有跟在后面的人的推动，而是众意志的自愿和谐的合作。"见李约瑟等：《中国科学技术史》卷 2，页 287。

③ 事实上，精神与物质的两分法，在中国人的思想中并不构成显著特色。见杜维明：《试谈中国哲学中的三个基调》，载《中国哲学史研究》，页 21—22。

④ 陈荣捷：《中国哲学资料选集》（New York, Princeton: Princeton University Press, 1969），页 784。

将"气"译成"material force"（物质力量），但他同时提醒大家，鉴于 11 世纪宋明儒家出现以前，"气"原初"是指与血气相连的一种心理生理交融的力量"，因此，应译成"vital force"或"vital power"（生命力）。[1]

要使现代西方哲学真正理解"气"，是异常困难的。这说明中国形而上学的基本假设，与笛卡尔式的精神和物质的两分法大相径庭。然而，如果把中国人的思维模式归属于一种没有身心区别，或者从而也意味着没有主客区别的前笛卡尔哲学，同样也会误入歧途。其实，分解地说，中国思想家们清楚地把精神与物质区分开来。在他们看来，精神不可还原为物质，精神有独立的本体论地位，并且不言而喻，精神比物质具有更持久的价值。当然，也有值得注意的例外。但是，这些所谓唯物主义的思想家不仅罕见，而且人数太少，间隔太远，无法形成一个值得注意的传统。近年来，重建中国唯物主义思想家的系谱的尝试，已是苦不堪言，而且在某种情况下牵强附会。[2] 实际上，将两位伟大的孔门思想家张载（1020—1077）和王夫之（1619—1692）描绘成中国唯物主义的典范，是以气是物质的这种错误假设为基础的。他们两人确实都主张一种可称为"气"之哲学，以作为对纯思辨式

---

① 陈荣捷：《中国哲学资料选集》，页 784。

② 在大陆，除了此种流行见解，也还有显著的例外，可参见张岱年：《中国哲学发微》（太原：山西人民出版社，1981 年），页 11—38、275—306。

思想的批判。但是，在他们看来，气并不是单纯的物质，而是一种渗透着无所不在的精神性的生命力。①

尽管中国一直具有那种分解地区别精神和物质的思想资源，但在中国哲学中却始终存在"气"的概念，并且用这概念来概括宇宙的基本结构和功能。这说明中国哲学家是有意识地坚持那种把精神和物质综合为一个整体的思维方式。清晰分析的欠缺，由丰富的想象得到补偿。"气"这个概念的富有成果的歧义性，使哲学家有可能探索那些对受笛卡尔式的二分法影响的人来说，是不可思议的存有领域。当然，有种种形式之气的学说，根本不可能产生诸如赤裸裸的对象、未加工的素材或价值中立的事实一类概念，从而也不能据此创造出一个赤裸裸的、未加工的和价值中立的世界，供科学家去研究和控制。总之，气似乎不足以给实证主义意义上的经验科学之发展提供哲学背景。它实际所提供的，是一种隐喻式的认知方式，一种通过比较、引喻和暗示来探究实有的多层面性质的认识论尝试。

究竟是这种隐喻式的认识方式导致中国人把宇宙看成是有机过程，还是关于存有连续性的本体论见解影响了中国的认识论，这是一个极令人感兴趣的问题。不过，我们这里主要关心的，是理解未经区别分解的"气"这一概念，是怎样

①　关于从医学观点对这一重要问题所作的一般讨论，见曼弗雷德·波科特：《中国医学的理论基础：交感系统》（Cambridge, Mass: MIT Press, 1974），页19—24。

成为一种统一的宇宙学理论之基础的。我们想知道，最无灵知的存有例如石头和精神性的最高表现例如天，在什么意义上都可以说成是由气构成的。在我们的探讨中，中国人感知实有的方式和决定这种感知方式的中国人对实有的理解，具有同等的重要性，尽管我们无意去界定两者之间的任何因果关系。

有机过程，作为自发的自我生成的生命过程，显示出三个基调——连续性、整体性和动态性。[1] 所有形式的存有，从石头到天，都是一个往往被称为"大化"[2] 的连续体不可缺少的组成部分。既然任何东西都不在这个连续体之外，因而存有的链条就永远不会断裂。在宇宙间，任何成对的既定事物之间，我们总会发现一种联系。有些联系，我们可能必须深入探究才能发现，但是它们就在那里，只待我们去发现。这些并不是我们想象力的虚构，而是宇宙和我们生活的世界赖以建立的牢固基础。气，这种精神生理的材料，无所不在，甚至充满"太虚"——在张载哲学中，太虚为万有之源。[3] 气始终存在于一切形式的实有之中，使万物汇流于一体，如同一个单一过程的展开。任何事物，甚至连全能的造物主，都不在这一过程之外。

---

[1]　杜维明：《试谈中国哲学中的三个基调》，页 19—24。

[2]　关于这一点的示范性讨论，可在《易传》中找到。见陈荣捷：《中国哲学资料选集》，页 264。

[3]　张载：《正蒙》，见陈荣捷：《中国哲学资料选集》，页 501。

整体性的基调是直接从包罗万象的连续性观念中产生出来的。假如世界是一种比大化更高且处于大化之外的有灵知者所创造的，那么世界，根据定义，就缺乏整体性的表现。与此相类似，假如世界仅仅是柏拉图理念的部分的或歪曲的表现，那么它就永远无法达到原初实有的完美状态。相反，如果真正的创造性不是无中生有，而是已经存在的东西的连续转化，那么，现存世界就是包罗万象的宇宙过程的本真表现。事实上，如果"理念"为了使自身全备完满，势必须通过有机的过程实现自身，那么，世界无论在何种意义上都是"理念"的具体体现。当然，传统的中国思想家并没有用这些术语去推究哲理，而是用不同的概念工具传达自己的思想。对他们来说，理解宇宙的恰当的隐喻与其说是物理学的，倒不如说是生物学的。所争论的问题不是永恒的、静止的结构，而是生长和转化的动态过程。说宇宙是一个连续体，说它的一切组成部分都是内在关联的，也就等于说，它是一个在其复杂程度各不相同的层次上都完全整合化了的有机统一体。

在中国宇宙论思想中，连续性和整体性必须伴有第三个基调——动态性，否则，有机统一体就是一个封闭系统。指出这一点是非常重要的。尽管中国思想家们批判地意识到，在人类文化中存在着最终导致停滞的惰性，但是，他们仍然将天的进程（"天行"）看成是生气勃勃的（"健"），并教导人

们按照宇宙的无止境的生命过程来塑造自身。[1]他们对自发的
自我生成的生命过程的构想，不仅仅在于它具有内在联系性
和相互依存性，而且还在于它具有无限的发展潜能。许多历
史学家指出，中国传统中类似四季更替程序的循环变化观念，
与近代西方的进步观念是不兼容的。当然，中国传统的历史
观念缺乏单线发展的思想，如马克思用来描述历史必然性形
式的生产方式概念。不过，把中国史学说成是对一些定期重
复的相关事件的记述，那就不对了。[2]

　　中国的历史编纂不是一种循环世界观的反映。中国人的
世界观既不是循环式的，也不是螺旋式的，而是转化式的。
然而，它在特定时期的转化所沿着前进的具体曲线，不是已
被决定的，它在形成自己的形式和方向的过程中，融入了许
多人的和人以外的因素。

　　有机的生命过程（牟复礼认为它是真正的中国宇宙起源
论）是一个开放的系统。由于时间没有可指定的开端，因此
绝不能期待时间有终点。宇宙永远在扩展，大化不断在流行。
由此看来，单线发展的思想是片面的，因为它无法说明全部
可能性。其实，前进式发展只是宇宙转化中好几个主要形态

---

　　① 　出自《周易》，见《周易索引》。哈佛—燕京大学汉学补充索引系列
第 10 号（台北：中文资料及研究辅助服务中心，1966 年重印发行）。

　　② 　"改朝换代"这一概念也许给人一种印象，即中国历史没有发展。
见埃德温·O. 赖肖尔和约翰·K. 费正清：《东亚：伟大的传统》（Boston:
Houghton Mifflin Co., 1960），页 114—118。

之一。由此类推，无论是循环式还是螺旋式，都不能充分描绘各种宇宙转化。既然它是开放的而不是封闭的，动态的而不是静态的，因此，任何几何学的设计都不可能正确反映宇宙的复杂形态。

　　前面我曾遵照牟复礼的说法，把中国人的自然观描述成一种"非人格化的宇宙功能的包罗万象的和谐"，并评论说，这个独特的自然观是由中国人对存有连续性的信奉促成的。在论述了中国宇宙论的三个基调——整体性、动态性和连续性之后，我就可以通过对它的某些含义的讨论来详细说明牟复礼的描述。包罗万象的和谐观念涉及两个相互关联的意义，它意味着自然是一种自我生成的生命过程，没有什么东西能排除在这一过程之外。道家的"自然"（"自我本然"）概念①——它在现代汉语中用来对译英语的"nature"——敏锐地抓住了这个精神。说"自然"无所不包，就意味着要采取一视同仁的态度，就是要容许一切形式的存有按其本来面目展现自身。不过，只有到竞争、控制和进攻侵略得到彻底改变的时候，才能出现这种局面。因此，包罗万象的和谐也意味着内部共鸣构成了宇宙中事物的秩序的基础。就像海洋的波涛之下是平静的一样，自然中虽然存在着冲突和紧张，但它的深层状态总是平稳的。以自然作为其具体表现的大化，是和谐而不是不谐，是聚合而不是离散的结果。

----

　　① 《庄子》，第7章。见哈佛—燕京大学索引有关庄子的附录。

这种自然观可能暗示一种宣扬和平和博爱的失控的浪漫主义主张，即一种与查理·达尔文按现实主义观点所描绘的自然法则相对立的主张。不过，中国思想家们并不认为包罗万象的和谐是一种天真的童话，也不认为它是在遥远将来实现的理想主义的乌托邦。他们敏锐地意识到，我们生活的世界根本不是《礼运》①所推荐的"大同"，世界充满了包括天灾人祸在内的破坏力量。他们也清楚地知道，历史充满了自相残杀的战争、压迫、不公正和其他众多形式的残暴行为。他们之所以断言和谐是有机过程的本质特征，不是出于天真的浪漫主义，而是因为他们深信它是对宇宙的真实状态及其实际运行的正确描述。

把"气"译为"生命力"的优点之一——请注意此词与血和气息的原始联系——在于它强调了生命过程。对中国思想家来说，自然是正在展现的生命力，它是连续的、整体的和动态的。但是，中国思想家在试图理解自然的血、气时发现，自然的持久模型是联合而不是分散，是整合而不是离析，是综合而不是分解。永恒的自然之流的特征正在于，它是由众多的生命力之流的和合与汇聚而成的。正是在这个意义上，才把有机过程视为是和谐的。

张载在他的一篇著名的形而上学论文《正蒙》中，把宇

---

① 狄百瑞、陈荣捷等编：《中国传统资料选编》(New York: Columbia University, 1960)，页 191—192。

宙定义为"太和"：

> 太和所谓道，中涵浮沉、升降、动静、相感之
> 性，是生细缊、相荡、胜负、屈伸之始，其来也几
> 微易简，其究也广大坚固。起知于易者乾乎！效法
> 于简者坤乎！散殊而可象为气，清通而不可象为神。
> 不如野马、细缊，不足谓之"太和"。①

在他看来，自然是气采取有形的形式进行交融和混合的结果。
山川、金石、草木、禽虫以至于人，都是种种形式的气（能
量—物质），象征着道的创造性转化是永存的。但是李约瑟把
中国人的宇宙观看成是由种种意志自行组合而成的没有赋予
者的有序和谐的观点，却是不太妥当的。意志，不管怎样加
以广义的界定，在这里都不起主要作用。认为天地无心而成
化的观点清楚地表明，有机过程的和谐状态不是通过把分歧
的意志加以有序化取得的。② 和谐通过自发性而获得，这就是
牟复礼所谓的"非人格化的宇宙功能"。那么，这是在什么意
义上说的呢？要回答这个问题，我们还得回到张载那篇形而
上学的文章：

---

① 陈荣捷：《中国哲学资料选集》，页 500—501。
② 陈荣捷：《中国哲学资料选集》，页 262—266。这一概念构成了变
易哲学的基础。

> 游气纷扰，（阴阳）合成质者，生人物之万殊；
> 其阴阳两端循环不已者，立天地之大义。①

气——正是气使万物得以产生，它的内在逻辑导致了对非人格化宇宙功能的自然主义描述。王夫之以巨大的说服力发挥了张载关于气的形而上学见解。他遵循张载的思路写道：

> 凡山川、动植、灵蠢、花果以至于万物之资者，
> 皆"气"运而成也。气充满宇宙，为万物化育之本，
> 故通行不滞；通行不滞，故诚信不爽。从晨至夕，
> 从春至夏，从古至今，它无时不作，无时不生。犹
> 如新芽长成繁茂之树，鱼卵演变为吞舟之鲸……②

尽管气的推动力的观念足以说明，在大化流行背后确实没有任何拟人的上帝、动物或物体，但是这段话的深层意旨，并不是在说明宇宙功能的非人格性。尽管人有种种意愿和欲望，宇宙运行的自然自发性总是非人格的，却不是非人性的。它对一切形式的存有都是一视同仁，而不仅以人类为中心。因此，我们人类并不感到非人格化的宇宙功能是冷漠、外在和遥远的，虽然我们也知道它对于我们个人的思想和种种突

---

① 陈荣捷：《中国哲学资料选集》，页 14、505。在该译本中，气被译成"物质力量"。括号中的"阴阳"二字是作者加的。

② 陈荣捷：《中国哲学资料选集》，页 698—699。

发念头大体说来是漠然无视的。事实上，我们是这种功能的一个组成部分，我们本身就是气的推动力的产物。张载的《西铭》开篇几行文字，不仅是他的信条，而且是他关于人的本体论观点：

> 乾称父，坤称母；予兹藐焉，乃混然中处。故天地之塞，吾其体；天地之帅，吾其性。民，吾同胞；物，吾与也。[1]

张载作为单独的个人，用以把自己与整个宇宙联系在一起的那种亲密感，反映了他对伦理生态的深刻意识。人类是从宇宙过程中诞生的恭敬儿女。这种人文主义的见解，显然具有儒家的特征。它一方面同道家"无为"概念，另一方面同佛教徒的"超脱"概念，形成鲜明的对照。然而，作为与宇宙融为一体的人的概念，已经广泛地为中国普通百姓和文化精英所接受。因此，可以把它恰当地看成是中国人的一般世界观。

同宇宙融为一体，意思是说，既然一切形式的存有都是由气构成的，因此人的生命是构成宇宙过程的血气的连续之流的一部分，人类原来就是与石头、草木和动物有机相连的。在中国文学特别是通俗小说中，分立的物种之间的互动和互

---

[1] 陈荣捷：《中国哲学资料选集》，页496。

变起着非常突出的作用，其思想基础就在这里。《西游记》中的猴子由顽石变化而成；《红楼梦》的主人翁贾宝玉，据说是由一块宝玉变成的；《白蛇传》的女主角，则未能十分成功地将自己（白蛇）变成一位美女。① 这些都是妇孺皆知的故事。几个世纪以来，它们不仅作为幻想，而且作为伟大的人间戏剧，引起中国老老少少的强烈同情。想象一块顽石或一块宝玉能有足够的潜在精神性使自身变成人，这对中国人来说毫不困难。"白蛇"的悲情在于她不能战胜一位无情的和尚念起的符咒，以致她不能保持人形并与她的情人结合。这段浪漫史的迷人之处在于，她设法通过几百年的自我修炼而获得将自身变成女人的力量。

据此推论，立足于宇宙的观点，任何事物都不是完全固定不变的。它不必永远是它现在所采取的形体。在中国画家道济（1641—1717）看来，山脉如江河一样流动，看待山脉的适当方式，就是把它们看作冻结起来的江海波涛。同样，石头也不是静态的物体，而是一种动态的过程，它具有自己独特的气的结构。我认为，借助这种自然观，我们实际上就可以谈论石头的不同程度的精神性。这大概并不是牵强附会。变成猴的顽石肯定比普通的顽石更具有精神性，变成人的宝玉或许又比变成猴的顽石更具有精神性，并从而被人们誉为

① 关于这个故事的两则很好的讨论，见傅惜华的《白蛇传集》（上海：上海发行公司，1955 年）和潘江东的《白蛇故事研究》（台北：学者出版社，1981 年）。

"山川精英"。^① 以此类推，我们也可以谈论整个存有链条的不同程度的精神性。石头、草木、动物、人类和神灵，代表着以气的不同组合而形成的精神性的不同水平。然而，尽管有这种区分原则，但一切形式的存有原初就是相联系的，它们都是宇宙不断转化过程的不可或缺的组成部分。正是在这种形而上学的意义上，我们可以说："物，吾与也。"

人之为人的独特性，是不能用造物主的预先设计来说明的。像其他一切存有物一样，人是阴阳两种基本的生命力和合的结果。周敦颐（1017—1073）说："二气交感，化生万物，万物生生而变化无穷焉。"^② 因此，严格说来，人类不是造物的统治者；如果他们想成为宇宙的守护者，就必须通过自我修养来赢得这种荣誉。他们没有任何先天赋予的理由去妄想其他。但是，人（在汉语中，"人"是中性的），是独特的。周敦颐提出了如下解释：

> 唯人也得其秀（五性）而最灵。形既生矣，神发知矣，五性（仁、义、礼、智、信）感动而善恶分，万事出矣。^③

---

① 邓淑苹：《山川精英：玉的艺术》，《中国文化新论》（台北：联经出版事业公司，1983年），页253—304。

② 参见北京大学哲学系中国哲学教研室选注：《中国哲学史教学资料选辑》（北京：中华书局，1982年），页4。

③ 陈荣捷：《中国哲学资料选集》，页496。

在这里，我们不必涉及五性或五行学说。既然周敦颐清楚地指出："阳变阴合而生水、火、木、金、土。"既然"五行——阴阳也"，[1] 因此，它们都可以看作气的具体形态。

人类获得了气的精华，这不仅表现在智力上，而且也表现在感受性方面。人是宇宙中最富感受性的存有这一思想，在中国人的思想中起着突出作用。在程颢（1032—1085）的《语录》中，有一段关于人的感受性的生动描绘：

> 医书言手足痿痹为不仁，此言最善名状。仁者以天地万物为一体，莫非己也。认得为己，何所不至？若不有诸己，自不与己相干，如手足不仁，气已不贯，皆不属己。[2]

这种与宇宙融为一体的思想是基于这样一种假定，即既然一切形式的存有都由气构成，因此宇宙万物与我们同源，从而都是我们的同伴。这一见解使得明朝富有原创性的思想家王艮（1483—1540）指出，如果我们通过转化而生（"化生"），那么天地就是我们的父母；如果我们通过生育而生（"形生"），那么我们的父母就是天地。[3] 这里出现的人的形

---

① 陈荣捷：《中国哲学资料选集》，页 496。

② 陈荣捷：《中国哲学资料选集》，页 530。

③ 王艮：《与南都诸友》，《王心斋先生全集》（1507 年本，藏于哈佛—燕京图书馆），第 4 卷第 16 篇下。

象，绝不是造物之主，而是宇宙的孝敬的儿女。孝敬行为意味着一种深厚的感情，一种对我们周围世界无微不至的关怀。

"与万物为一体"这句话从字面解读所得的含义，还必须用对于同语进一步作隐喻性解读加以补充。的确，"体"清晰地表达着作为万物基础的生命力之血气的"气"的意义。但是，人之为人的独特性，并不只是在于我们与石头、草木、动物一样，都是由同一种心理生理材料构成的。正是由于我们对自己是人有自觉的意识，才驱使我们去探索并有能力去探索我们的性（人性）的超越的立足点何在。无疑，存有的连续性的观点使我们无须设置一个全然外在于有机宇宙过程的创造者，但是人性与作为万物之源的天是什么关系呢？我们应如何理解《中庸》第一章关于我们的本性受之于天（"天命之谓性"）的本体论设定呢？[1] "天命"到底是一次性起作用，还是一种持续不断的呈现呢？对于这些问题，王夫之总的反应是耐人寻味的：

> 夫性者生理也，日生则日成也。则夫天命者，岂但初生之顷命之哉！……夫天之生物，其化不息。[2]

---

① 陈荣捷：《中国哲学资料选集》，页98。

② 陈荣捷：《中国哲学资料选集》，页699。

　　因此，在隐喻的意义上说，与宇宙形成一体要求人不断地努力成长并修炼自身。我们之所以能在自己的感受性中"体"整个宇宙，是因为我们已经最充分地扩展并深化了我们的感受和关怀。不过，不论是在象征符号的或经验的层次上，绝无迹象表明宇宙会自动地被"体"在我们身上。除非我们努力使天命在我们的本性中充分实现，否则我们就会辜负"万物皆备于我"的期望。① 在这一点上，王夫之拒绝遵循纯粹自然主义的思路，这在下面的论述中十分明显："君子之养性，行所无事……斯以择善必精，执中必固。"② 顺乎自然地行动（"行所无事"）而又不让事物自流，用宋明儒家的话来说，就是要循"天理"而不为"私欲"③ 所虏。私欲是自我中心的表现形式，它削弱人参与天地化育的真正能力。程颢在评《易》时指出：

　　　万物之生意最可观，"此元者善之长也"，斯所谓仁也。人与天地一物也，而人特自小之何耶？④

　　人与天、地构成三位一体，就等于与万物形成一体，它

---

① 《孟子》，第 7 卷（上）第 4 章。

② 陈荣捷：《中国哲学资料选集》，页 699—700。

③ 例如，在朱熹关于道德修养的讨论中，天理是与人欲鲜明对照的。见陈荣捷：《中国哲学资料选集》，页 605—606。

④ 陈荣捷：《中国哲学资料选集》，页 539。

禁止我们把主—客体二分法应用于自然。把自然视为自在的外在客体，就制造了一种人为的障碍，阻挡着我们的真正视野，且损害了人类从内部体验自然的能力。生命力的内在共鸣如此有力，致使由人体中最精致细微的气所构成的心，与自然万物不断产生一种同情的和合。这种"感应"功能赋予自然以"太和"的特色，并使心也具有此特色。^①心就像通过转喻一样扩展自身，而与自然形成统一体。它对自然的审美欣赏，既不是主体对客体的占用，也不是主体强加于客体，而是通过转化和参与，把自我融入扩展着的实有。这一创造过程，用雅各布森的话说，是一种"相互贴近"的过程，因为我们与自然之间永远不会产生断裂。^②

庄子建议我们不应"听之以耳"，而应"听之以心"，更进一步应"听之以气"。^③如果"听之以心"包含不受感觉知觉影响的意识，那么"听之以气"又意味着什么呢？它是否意味着我们是各种生命力内部共鸣的如此息息相关的一部分，因而我们能听到自然的声音。或用庄子的话说，能听到一种

---

①　在这方面给人启发的文章，见 R. G. H. Siu :《气：新道家的生命之路》(Cambridge, Mass, MIT Press, 1974)。

②　罗曼·雅各布森：《语言的两个方面与失语障碍的两种类型》，罗曼·雅各布森和莫里斯·哈勒合著《语言的基本规则》(Gravehage: Mouton, 1956)，页 55—82。感激高友工教授提供了这份资料。

③　《庄子》，第 4 章。准确的引文可见《庄子引得》(北京 : 哈佛—燕京大学，1947 年)，第 27 篇，第 4 章，第 9 节。

作为我们内部声音的"天籁"① 呢？或者，它是否意味着无所不包的气，能使人和自然在总体上相互易位呢？结果，人所体验到的美感不再是个体的私我感受，而是如同传统的中国艺术家所说的："内在情感与外界情景融为一体。"② 看来，不论在哪一种情况下，我们都不能将我们自己同自然拆开，并且用一种超然不相干的方式研究它。我们所做的，不仅要悬置我们的感知，而且要悬置我们的整套概念，以便我们能在自己的感受中体现自然，并使自然亲密地拥抱我们。

不过，我应当提请注意的是，对于自然和人的这种互通性和亲切性的审美体验，往往是坚持不懈地进行自我修养的结果。尽管我们有优越的智力，但我们对"太和"并不拥有特权。作为一种社会的和文化的存有，我们永远不能把自己撇在一边，而从所谓旁观者的中立立场研究自然。返回自然的过程不仅包含着记忆，而且也包括非学习化（消解所学，回到原初未学时的状态）和遗忘。我们能参与自然界生命力内部共鸣的前提，是我们自己的内在转化。除非我们能首先使我们自己的情感、思想和谐起来，否则，我们就不能与自

---

① 《庄子》，第 2 章；引文可参见《庄子引得》，第 8 篇，第 3 章，第 3 节。

② 关于这一点的系统讨论，见高友工和孙康宜：《六朝时期中国的"自由批评"》，全美学术社团关于中国艺术理论的讨论会（1979 年 6 月）论文。收入苏珊·布什和克里斯琴·默尔克主编《中国文艺理论》（Princeton, N. J.: Princeton University Press, 1984）。

然取得和谐，更不用说"独与天地精神往来"了。①我们确与
自然同源，但作为人，我们必须使自己与这样一种关系相称。

---

① 《庄子》，第33章；《庄子引得》，第66篇，第33章，第93节。

三　儒家论做人 *

　　在现代多元文化背景下，儒家对人的固有意义的"信仰"，可能显得是有限的、历史的、世俗的，在文化上也是特殊的。然而对当代身体力行的儒者来说，这种信仰却是真理的明示，

实有的彰显，并且确实是东亚许多世纪以来普遍接受的一种
人生观。这种人生观显得如此合理，以至于简直成了自明的
真理。本文打算根据我对儒家构想的理解，说明这种对于信
仰的人文主义主张，对于一门新兴的宗教学研究所具有的深
远意义。尽管社会科学和人文学科领域一些最杰出、最开放
的同仁现在所倡导的精致的相对主义颇具诱惑力，但从长远
的观点看，这门宗教学科也许可以确立人们对终极关怀的统
一的理解和品评。

为己之学

一般认为，儒家对一些永恒的有关人的问题的研究，即
使不是十分狭隘，令人可叹，也是非常有限的。这部分地是
因为孔子在回答他的学生的问题时，拒绝思考死和鬼神的问
题。理由是：我们对于"生"和"人"的理解应当具有头等
重要性。[①] 诚然，儒家的出发点集中于此时此地的人的生存，
但是这一出发点是以一种关于生和人的内容广阔的思考为依
据的。在这种思考中，死和鬼神作为构成要素占有显著地位。
换言之，要对儒家关于活生生的人的观念作出正确评价，就
必须涉及对死和鬼神的感受。这方面的意义以后再谈。这里
需要指出的是，由于孔子没有明确回答死和鬼神的问题，就

---

① "季路问事鬼神。子曰：'未能事人，焉能事鬼？'曰：'敢问
死。'曰：'未知生，焉知死？'"（《论语》，第11篇第11章）

断言他不注意那些为人所深为关切的问题，则是错误的。事
实上，假如离开了葬礼和祭祖，就难以想象儒家传统将采取
何种具体形式。

但是，尽管有些局外人认为传统儒家处在祖先的阴影之
下，[①] 但儒家对人类群体的承诺，却是坚定的和多方面的。这
种承诺，从手段上说，可能意味着：儒家的全部事业是从此
时此地的人的生存为起点的；它也可能从实质上说意味着：
存在于日常生活中的人，是人充分实现其自身的基础。儒家
坚持主张为己之学。[②] 也就是说，学本身就是目的，而不是达
到目的的手段。在儒家看来，学就是学做人。诚然，我们无
可逃避的是人，并且在自然主义的意义上说，这是我们与生
俱有的权利。但是，从美学、伦理或宗教意义上看，成为人
却必须有一个学习的过程。因此，学做人意味着审美上的精
致化、道德上的完善化和宗教信仰上的深化。我清楚地意识
到：我刚才使用的术语和范畴尽管与原有儒家的洞见是可以
兼容的，但它们毕竟不是儒家的。或许它们之间的差别仅在
于强调的重点不同，但是，儒学首先关心的是通过伦理概念
来界定的人的品格的形成。

如果说儒家首先关心的是学习成为一个好人，那么这又
意味着什么？最要紧的是一开始就要认识到，在儒家的传统

①　这一表述出自许烺光所撰写的《祖荫下：传统中国的亲属关系、人
格和社会流动》(Stanford: Stanford University Press, 1971)。

②　《论语》，第 14 篇第 24 章。

里，学做一个好人不仅是它的首要关切，而且是它的终极关切和全面关切。因此，把好人的概念与富有智慧的、强健的、敏感的、聪明的或富有创造性的人等概念加以比较和对照，没有多大意义。在儒家看来，好人必然是富有智慧的、强健的、敏感的、聪明的、富有创造性的，等等。如果我们最后选用一个"好"字标示一种可与其他值得向往的品质（诸如聪明和创造性）区别开来的品质，那么，我们可能必须以更加中性的词语，诸如"学做更本真和更完全的人"来重新规定儒家的首要关切。考虑到汉学家们一致将儒学说成是社会伦理学的一种形式，"authenticity"（本真性）一词，即使带有现代存在主义的意味，在我看来，也比被狭隘理解的道德词语例如"诚实"（honesty）和"忠诚"（loyalty）更适合于表达儒家为己之学的原意。

　　学做一个儒家意义上的本真的人，固然要对己诚，待人忠，但它同时也必然会产生一个无止境的过程。在这个过程中，包容一切而又丰满充实的人性将得到具体实现。儒学的这一层面，不可能归结为任何特定的美德，它也不是儒家所特有的各种美德的总和。然而，将此时此地的活生生的人作为出发点，不可避免地从外面限制了儒家把它的主张加以普遍化的意图：儒家怎么能假定，学做人这个意味着随着国家、历史、文化、社会阶级和许多其他因素的变异而变异的过程，是一个普遍有效的概念呢？传统的儒家当然并未意识到这个问题的意义。他们相信，这个做人的观念是正确合理的。他们将它付诸实践；他们通过身教来证实其有效性；他们体现了它。着实地说，他们是生活在它里面的。

学而知之

生活在 20 世纪的儒者，以增强了的批判的自我意识，接受多元相对主义的挑战，因此，他们不可能把儒家的启示看作是不证自明的真理。为己之学的概念，可能是春秋（公元前 722—公元前 481）后半期文化精英之特权的反映，[①] 也可能是新生的封建官僚（或没落的奴隶主贵族）的意识形态的组成部分，把它炮制出来是为了垄断向社会上层流动的渠道；它也可能是中国人不顾科学知识和制度建设而特别偏好道德教育的表现。要确定儒家的人的概念是否类似"人生而平等"的思想，从而具有真正的包容性；或者，它只表示那种排他主义所谓的"我们中国人"，甚或只表示"我们鲁国有教养的古典学者"，毕竟是十分困难的。

此外，今天的儒者也意识到：为己之学这一概念不可能指追求人的个性。即使在西方，作为一种正面的原则的个人主义也是较为近期的现象。[②] 按照古典儒家的意思，自我所指称的是各种关系的中心，一种具有群体性的品质，它从来

---

① 侯外庐编：《中国思想通史》，5 卷本（北京：人民出版社），卷 1，页 131—190。

② 史蒂文·卢克斯：《个人主义》（Oxford: Blackwell, 1973）。

没有被看成一种被孤立的或可孤立的实体。既然儒家的为己之学这一概念赖以产生的社会基础、文化背景和伦理宗教的脉络，与我们在现代西方世界所体验的"己"与"学"根本不同，那么，我们怎样才能重建它的意义而不歪曲它的原义，并为我们所用呢？

要想理解孔子所谓真正的"学"乃"为己之学"所表达的意思，需要做艰苦的"考古"发掘工作。许多学科——词源学、原典分析、注释和评论，这里提及的还只是几种传统的汉学手段——都必须参与这一研究过程。如果我们将研究扩大，包括评估若干世纪以来传统儒家对其大师的论说的理解，那么，就还需要其他一些学科，例如文化史、比较宗教学、解释学和哲学。即便如此，我们也永远不能肯定我们的理解是正确的。用时髦的话来说，两个截然不同的"认识时代"之间的鸿沟，可能永远无法填补。不过，学术团体的责任恰恰就是和某种占绝对优势的事物做斗争，以达到某种理解，而不管这种理解结果如何不够全面和完善。对一位今日的儒者而言，这种思想上的努力，对他的精神上的自我规定来说不仅是可取的，而且是必要的。

不过，由于其关键问题已超出学术界扩展其思想视野的需要，而且也超出儒者探询其人生意义的要求，因而，上述问题变得更加复杂了。积极从事比较研究的所有学界成员，都必然面临的挑战是，我们在原则上是否能够脱离原来的语境而真正地理解诸如"为己之学"这样一类貌似简单的命题。

很不幸，答案必然是否定的。如果不把它置于适当的语境脉络之中，我们就不可能知道它的意义。例如，为什么要提出这一命题？它想肯定什么？它是针对当时不同含义的"学"的一种反应吗？它对儒家的思维方式有什么样的重要性？它是某些更精致和更富有意义的东西的代码吗？即使我们找到了这些问题的满意答案，也不能保证我们充分了解孔子想表达的意思。因为，如果我们认真严肃地对待我们的探究，就还会有许多其他问题需要我们关注。

这些问题也与生活在当代的儒者有关。学者们从一种语言世界转换到另一种语言世界所遇到的这种困难，也是现代儒者所面临的困难。认为有文化的中国人必然懂得做一个儒者意味着什么，这种一切皆确定无疑的时代已经一去不复返了。在今天的多元世界中，儒家像佛教、犹太教、基督教、伊斯兰教或印度教群体中的人们一样，必须学会过一种经过审慎选择的宗教伦理的生活。不过，与其他信仰群体中的人们不同，所有儒者，今天都必须抱着和研究儒学的学者同样认真的、有鉴别的态度，去努力理解原典的陈述。这部分是因为儒家传统缺乏一种与牧师起相同作用的东西；更重要的，也许是因为缺乏负责统一和传达儒家思想的宗教机构。因此，指出中国的"儒"字作为一个"类"，本来的意思就是"学者"（指有知识有学问的专家）这一点，是很有趣味的。①

　　说中国传统中的"儒"的概念，在当代近似于人文科学的学者，也许算不得牵强。不过，在学术高度专业化的环境中，当代人文学者只是"儒"的原有含义的一方面。当代使用的"知识分子"一词，尤其在致力于或关心着人类幸福的意义上说，比较接近"儒"的概念。实际上，儒学的这种群体层面凸显出它是一种社会哲学。因此可以理解，人们往往把儒学说成是利他主义的，从而把儒者之学的要旨说成是为他人而学。

自我修养（修身）的中心地位

　　现今的流行观点认为，儒学是一种特别重视人际关系的社会伦理学。这一见解是基本正确的，但是，它未考虑到作为独立、自主和有内在导向过程的修身在儒家传统中的中心地位。诚然，儒家坚持认为，人是通过与他人不断的互动才成为充分的人的。人的尊严依赖于群体参与，就像依赖于他自己的自尊意识一样。但是，韦伯（Max Weber）把儒家的精神倾向说成是"对世界的适应"，因为据说儒家曾告诫人们

---

　　①　关于"儒"的意义的讨论，见《说儒》。该文收入《胡适文存》（台北：远东发行公司，1953 年重印），卷 4，页 1—103。有关阐述"儒"的起源的英文作品，见奥本海因：《伦理秩序的使者：早期周王、周公、仲尼和儒的革新》（哈佛大学宗教研究协会 1984 年未发表的哲学博士学位论文）。

要服从于人际关系的既定模式。这种说法严重地贬抑了儒家的心理整合和宗教超越的能力。[①] 实际上，儒家传统经历多次深刻转化而未失去它的精神上的认同，这种能力正出于它对人的内在资源的承诺。

作为人际关系中心的自我，始终是儒学的中心焦点。一个人协调人际关系的能力确实显示了他的修身达到的水平，但这种能力与修身孰先孰后的问题显然是已经摆定的。修身是协调人际关系的前提，如果人际关系没有修身作为必要因素而只得到表面和谐，那在实际上是行不通的，在目的上也是误导的。"小人之交甜如蜜，君子之交淡如水。"这一中国俗语指明，受某种需要驱使的友谊要比推进道德发展的非功利友谊浅薄得多。由于种种原因，人必须与他人进行交往，而其中许多原因，在一些现代社会学家看来，在道德上是中性的，因而与人的内心生活不相干。儒家认为，人是社会存在物，但他们坚决认为，社会交往的一切形式都饱含着道德内涵，每种交往形式都需要修身来协调。

为己之学的启发意义，也许可以被理解为责戒我们去进行修身。既然修身是目的而不是手段，那么，出于诸如名望、地位和财富的缘故，而不是由自我认识所激发的学，就不能视

①　马克斯·韦伯：《中国的宗教：儒教与道教》，汉斯·H.格思英译本（New York: The Free Press, 1964），页235。关于韦伯对儒学的总体估价，见沃尔夫冈·舒路切尔编：《马克斯·韦伯对儒教与道教的研究》（Frankfurt: Suhrkamp, 1983）。

为真正的学。一个未中的而内自省的弓箭手，则实践了儒家的关切，即内在地认识自己是在外部世界中正确行为的前提。

　　如果人际关系协调一致，那也是由于有关的人都在努力修身。期望在社会交往中出现和谐状态以作为修身的有利条件，在儒家看来，不仅是不现实的，而且是不合逻辑的。修身是本，和谐的人际关系是枝。无论从时间还是从重要性上看，先后的次序都是不可颠倒的。① 严格说来，作为利他主义之表现的为他人而学，除非建立在自我认识的基础上，否则，是不可能真正利他的。儒家的座右铭"己所不欲，勿施于人"，② 并不是单纯地指一个人应当为他人考虑，而且也意味着一个人必须诚以待己。也许，正是出于这个理由，孔子才感到即便是他的一些最好的弟子，要将这一座右铭付诸行动，也仍有许多东西要学。

　　如果说儒家这一座右铭得不到普遍应用，那么它在修身中究竟有何作用呢？无疑，它不是康德意义上的绝对命令，也不是人们必须遵守的行为指导原则。毋宁说，它是一种人心向往的标准，是一种通过老师的示范而对学生产生意义的亲身体验的理想。对于处在不同道德发展阶段的不同的人来说，修身可能意味着不同的东西，而且它的实现也可能采取许多不同的形式。但是，修身仍然是儒学的中心点。结果，

---

　　① 《大学》以主要的篇幅阐明"自天子以至于庶人，壹是皆以修身为本"。见陈荣捷：《中国哲学资料选集》，页 87。

　　② 《论语》，第 12 篇第 2 章，第 15 篇第 24 章。

学做人最后集中到自我上。不过，这不是作为抽象概念的自我，而是作为此时此地生活着的个人的自我。

从个我（personal）的观点出发

儒家的"学"的一个最引人入胜的洞见是，学习做人必通过为己之学。然而，这里所说的"己"，不是一般的作为类概念的自我，而是作为此时此地体验着和反思着的个人的我自己。将探询的方式从非个我人身的转向个我人身的，既需要思想上的精密化，又需要生存上做出承诺。我作为一个人通过命题语言所推断的东西，与我作为某一具体的个人所谈出的东西之间的鸿沟，在这里已不复存在。此时，我已坦露无遗，因为我认为，我知道的东西同我自己确实懂得的东西，已不可避免地交织在一起。如果我错了，那不只是因为我提出的东西站不住脚，而且是由于我生活的方式有了缺陷。然而，让我深部的那个私我去接受另一个人的心智的那种心理分析程序，却不是儒家传统的一部分。儒家的修身预先假定，值得教化的自我绝不是个人的私有物，而是构成共同人性之基础的可供分享的经验。

尽管自我修养在儒家的学习中占中心地位，但展示隐秘思想、私人情感、深层欲望和内驱力的自传式文献，在儒家传统中却极为罕见。显然，经过修养的自我绝不是唯恐外部入侵的私人财产。唯恐在社会的种种要求中被淹没的自我，是儒家所说的"私"（隐私化的自我、小我、作为封闭系统的自我）。相反，真我是充满社会公共精神的"大我"（此处"大我"一语出自《孟子》），是一个开放系统的自我。作为一个开放系统，自我——在这个词的真实意义上——是不断扩展，而且对世界采取一种欢迎接受的姿态。修身可以被理解为不断拓展自我以体现日益扩大的人际关系圈。然而，如果就此得出结论说，儒家在横的方面拓展，其目的仅在于建立有意的社会关系，则是一种误解。那些依据家庭、社区、国家和世界来界定自我的各种同心圆，无疑都是社会群体，但按照儒家的看法，它们也属于自我的领域。这些领域象征着人的伦理宗教发展的真正可能性。

伦理宗教的发展，在儒家看来，不仅是一个拓展过程，也是一个深化过程。由于自我同其他自我的共鸣，自我所固有的内在资源便得以丰富。通过与他人的真正交流，自我获得对自己的理解；越是能了解自己的人，就越是可以理解他人。因此，儒家的"己欲立而立人，己欲达而达人"[①]的格言，就不单是一种利他主义的思想，而且也是对转化中的自我的描述。对内在精神性的寻求，作为一种孤寂的努力，则属于根本不同的论说域。儒家的修身是一种深思熟虑后选择的群体行为。但是，自我不能归结为它的社会角色。承担着各种社会角色的现代人的舞台形象，肯定不是儒家的东西。相对于父亲，"我"扮演儿子的角色；同时，相对儿子，"我"又

———————

①　《论语》，第 6 篇第 30 章。

扮演另外分立出来的父亲的角色。这种观念即使不令人反感，也是很不自然的。根据我自己的经验，在我的记忆中，我一直在学做儿子。从我的儿子出世以来，我又一直在学做父亲，并且学做儿子由于我自己成为父亲而获得了新的意义。不仅如此，我之作为儿子和作为父亲，也是通过我作为学生、老师、丈夫、同事、朋友和相识者而使其内容丰富起来的。这些对我来说，都是学做人的途径。

但是，我们在公众场合通常都不谈论这些问题。这些问题实在太纯属个人性质了。我们不应当过多地披露我们的私人情感，因为它在思想上不会引起别人的兴趣。但同时，我们又深深地陷入我们自己的所思、所感和所欲之中，往往固执地主张自己的意见，赤裸裸地表露自己的感情，不知羞耻地要满足自己的欲望。我们对权利的态度是认真的，但是，我们承担自己的义务则是不得不接受权威或法律的劝告的结果。我们远离了自己的文化传统，并且，作为后工业社会中异化了的人，远离了我们自己的群体。由于我们日益变得主观主义、个人主义和孤芳自赏，因而既不眷念老人，又不教导少年。我们在政治上彼此孤立，在精神上孑然一身。然而在我们的学术努力中，我们又假设我们不得不采取一种全然非个我的态度，以便在抽象的领域中客观地进行推理。

为人师表的孔子

孔子愿意以一个进行反思的人的身份谈话。他选择了一种具有强烈个我性质的沟通风格，而且，通过细心的选择，与周围的人分享他的思想和情感。"二三子以我为隐乎？吾无隐乎尔。吾无行而不与二三子者，是丘也。"[1]孔子与学生的坦率的相互沟通，并非出于教学法的设计，而是反映了他的生活态度。我们或许猜想，他之所以经得起彻底地揭示自己，是因为他是从圣人的崇高位置上讲话的。但是，实际情况完全相反。孔子从不认为他已成圣。他像我们一样在为学做人而奋斗。他心中的自我形象，是在充分地做个像样的人的道路上承担起实现人性任务的一个同路人。在他不断地按"儒"者的生活修身时，他坦然承认，他未能做到他的同路人所应当做的普通事情：

> 君子之道四，丘未能一焉。所求乎子以事父，未能也；所求乎臣以事君，未能也；所求乎弟以事兄，未能也；所求乎朋友先施之，未能也。[2]

---

① 《论语》，第 7 篇第 24 章。

② 《中庸》，第 13 章。见陈荣捷：《中国哲学资选集》，页 101。内容上类似的陈述亦可在《论语》的第 14 篇第 28 章上找到。

孔子的谦卑也表现于他对自己所能做的有清醒认识：

> 盖有不知而作之者，我无是也。多闻，择其善
> 者而从之。多见而识之，知之次也。①

由于把自己确定为"知之次"，孔子就将自己划出"生而知之者"以外，而和"学而知之者"联系在一起。② 作为一个学者，孔子严肃地将自己视为处于转化过程中的具体生活着的人。他以真诚的态度和批判的自我意识，认为自己的责任是对共同人性的见证：

> 庸德之行，庸言之谨，有所不足，不敢不勉。
> 有余不敢尽。言顾行，行顾言。③

作为一个善观者和善听者，孔子睿智地使用他的感知能力去达到完善的道德标准。按照这个标准，谦逊的品德被看作是理所当然的，不断反省切身之物的极端重要性得到充分认识。孔子为人的真诚，成了激励那些共享他的人文主义智慧者的力量的源泉，而这一切并不是由于它的抽象的理想主义，而是由于它的具体的实践性。

---

① 《论语》，第 7 篇第 28 章。
② 《论语》，第 16 篇第 9 章。
③ 《中庸》，第 13 章。

日常生活的终极意义

儒家的整个理念，正如大师的生活现实所示范的，采取了一种个我的亲切取向。简言之，这意味着我们能在普通人的生存中认识到生命的终极意义。简言之，这意味着我们能在日常生活中认识到生命的终极意义。我们在日常生活中的普通行为，恰好是人性获得最崇高表现的活动。从此时此地生活着的人着手，来完成学习做人的全过程，意味着在道德成长的每一关头始终把修身放在中心地位。这一主张隐含着这样一个命令，即我们应当完全对我们的人性负责。这不是出于任何外在的原因，而是出于我们都是人这个不可更改的事实。

在儒家的事物的理序中，一个活生生地活着的个我，远比仅作为短暂存在的生物体要复杂得多和有意义得多。在世俗化的生物生理意义上，最终孤独地死去的完全孤立个体的概念，在儒家对人之真实性的理解中是完全不可思议的。人是漫长的生物链的一个积极参加者，是历史连续体的活的见证者，是得宇宙精华的万物之灵。人的结构中，本来就有无限的生长潜能和取之不竭的发展资源。从本体论上说，人的自我就在其自身的真实存在之中体现着最高的超越；自我的充分实现，无须任何外在帮助。从终极意义上看，自我的实现就意味着天人合一的充分实现。但是，达到这一步的方式，永远不应被理解成在孤立的个人与上帝之间建立一种关系。自我，作为人类群体中种种关系的中心，必须认识到它是整体存在的组成部分，因此，它必须通过切身之物为自己开辟道路。

孟子说过一段富有启发性的话：

> 万物皆备于我矣。反身而诚，乐莫大焉。强恕而行，求仁莫近焉。[1]

人的自我已是完全足够的这一本体论方面的主张，并不能导致人生存在方面的沾沾自喜，认为实现自我所包含的只不过是对内在精神性的追求。相反，我作为一个人，尽管能通过修身欣喜地认识到自己接触到了真正的人性，但仍必须努力与他人建立联系，作为理解共同具有的人性的最有效方式。其中所隐含着的灵魂得救论（如果我们大胆使用这个色彩很浓的概念的话），可在孟子的另一段话中找到：

> 尽其心者，知其性也。知其性，则知天矣。存其心，养其性，所以事天也。夭寿不贰，修身以俟之，所以立命也。[2]

---

① 《孟子》，第 7 卷（上）第 4 章。

② 《孟子》，第 7 卷（上）第 1 章。救世论指通过基督工作和神灵工作而得赎救的救恩论。

上述引文中的"不贰"和"立命"两个术语值得我们特别注意。然而，我首先必须指出，既然我们的目的只是一般性地谈论孟子关于人的概念中隐含的某种灵魂得救论的意向，那么，我们在这里可以不必过多推敲细微的语言差异。孟子在其通过知性而知天的本体论主张中充分肯定了每个人的独特性。人总是独一无二的。正像不存在两张完全相同的脸一样，有多少人，就有多少自我实现的道路。决定每个独特的人的状态，有许多内在的和外在的因素。但是，按照孟子的想法，"不贰"是一个人的意志力的直接产物，因此，它是人类群体中任何成员都能获得的，它与一切区别彼此的因素无关。孔子用以说明类似观点的话，这里也用得上："三军可夺帅也，匹夫不可夺志也。"[①]

"不贰"是自我修养所需要的一切。就人的这一向度而言，一切人都是平等的。一个有严重残疾的人为协调他的躯体活动，可能要付出极大努力，但他的意志力是绝对独立、自主和自足的。我们称赞海伦·凯勒（Helen Keller）式的人，不仅是由于她实际上设法克服了许多困难，更重要的是，由于她的"不贰"。正是这种"不贰"，才使她能够做出令人惊叹的事迹。事实上，在许多场合，躯体意义上的自我改善是一件不可完成的任务。许多人在能够达到的这种潜力发挥出来以前就死去了。在这个意义上，我们注定是不可能充分

---

① 《论语》，第9篇第26章。

实现自我的。例如，孔子最优秀的门徒夭亡时，夫子痛惜地说："有颜回者好学，不迁怒，不贰过。不幸短命死矣。今也则亡，未闻好学者也。"① 然而，一个人的立志"不贰"，不仅能超越人的生存结构的限制，而且能将这些限制转化成自我实现的工具。在这里，颜回的例子特别有启发意义。他贫穷、夭亡，而且如按儒家有关服务社会或政府的标准来判断，也没有任何具体成就，但是这一切都没有改变夫子对他的赞誉。夫子一再称赞的是他的学习的渴望和成为一个"儒者"的决心。

> 贤哉，回也！一箪食，一瓢饮，在陋巷，人不堪其忧，回也不改其乐。贤哉，回也。②

据此，一个人的"不贰"是同他从心灵深处责成自己的意愿和能力分不开的。一个人的"天召"（calling）——如果用基督教中的这个词——指的正是责成一个人成为其所当为的一种呼召。这种批判的自我意识，是由一个人面对日益扩展的人际关系圈的开放性态度所赋予的，它是通往人的"立命"的最可靠道路。人的实质就在于孜孜学习以尽心、知性、践仁，这是知天的最切实的道路。既然我们的人性受之于天，因而，参与宇宙生化以便使我们能与天、地构成三位一体，

---

① 《论语》，第 6 篇第 3 章。
② 《论语》，第 6 篇第 11 章。

就是我们人的本分。① 我们的立命，无论是个体的还是群体的，都是无限的。我们并不限于仅仅要成为作为"类"的人。毋宁说，我们的立命意味着被邀约，被赋予一种责任，要我们去关照自己以及我们所居住的世界上的万物。我们必须学会超越我们的生存的现状，以便能变成我们在本体论上已注定应成为的那样。为了充分实现自我，我们无须离开自我与人类。实际上，我们是通过作为人的我们自己的日益深化和拓展的意识来"事天"的。

这种思维方式的基础结构，在儒家经典《中庸》的一个关键性段落中，是以类比方法来表述的：

> 天地之道，博也……今夫天，斯昭昭之多；及其无穷也，日月星辰系焉，万物覆焉。今夫地，一撮土之多，及其广厚，载华岳而不重，振河海而不泄，万物载焉。今夫山，一卷石之多，及其广大，草木生之，禽兽居之，宝藏兴焉。今夫水，一勺之多，及其不测，鼋鼍鱼鳖生焉，货财殖焉。②

由此类推，我们在摆在我们面前所看到的，不过是不断变化着的身体的物理存在而已。然而，"至诚者"——即通过

---

① 《中庸》，第22章："赞天地之化育，则可以与天地参矣。"参见陈荣捷：《中国哲学资料选集》，页107—108。

② 《中庸》，第26章。陈荣捷：《中国哲学资料选集》，页109。

不断地学习做人已变成人性本身的见证者——则"能经纶天
下之大经，立天下之大本，知天地之化育"。圣人象征的真实
并不是超人的真实，而是真正的人的真实："溥博渊泉，而时
出之（按：指聪明睿智、大度温厚、坚强刚毅、精微敏锐等
美德）。溥博如天，渊泉如渊。"①

　　儒家对人的固有意义的"信仰"，是对活生生的人的自
我超越的真实可能性的信仰。一个有生命的人的身、心、魂、
灵，都充满着深刻的伦理宗教意义。具有宗教情操在儒家意
义上，就是进行作为群体行为的终极的自我转化，而"得救"
则意味着我们的人性中所固有的既属天又属人的真实得到充
分实现。

---

① 《中庸》，第 31 章。陈荣捷：《中国哲学资料选集》，页 112。

四　先秦儒家思想中的人的价值

　　儒家经典《论语》中的基本隐喻就是"道"。[①] 儒家的"道"暗示着作为群体行为的、无止境的自我转化过程。它被界定为人道、生活之道。当然，天道在儒家文献中也扮演着非常重要的角色，而且对死的意义的领悟也是全面理解儒家人性概念的必要条件。但是，在儒家的精神导向中，真实的重心看来还是落在人类日常生活经验上。

　　《论语》十分重视人们共同关切的问题。它将求仁之方描

---

　　① 　关于这个基本隐喻的一般性讨论，见赫尔伯特·芬加雷特的《孔子——以凡俗为神圣》，页 18—36。我也写过有关孔子的精神自我认同问题的文章，见我的论文《儒家的成人观》，《美国艺术与科学学院学报》第 105 期（1976 年春），第 2 号，页 109—123。本文收入艾里克森编《成人》（New York: W. W. Norton & Company, 1978），页 113—127。我想指出，保尔·内克威尔关于"语言意义的创造问题的多学科研究"，对我研究孔子思想的这一特殊方面是很有启发的。见他的《比喻的规则》，罗伯特·采尔尼英译本（Toronto: University of Toronto Press, 1977）。

绘成以切身之物为起点进行类比反省（"能近取譬"）。一个人
自身的存在——他的肉体和心灵——为具体求道提供了基本
场合。没有这个基础，道永远不会被发现，人性也永远不能
实现。只靠道本身并不能充分彰显人性，只有通过人的努力，
道才能得到彰显。

在这个意义上，类比绝不是演绎推理的一种不够完备的
形式，它表示一种根本不同于线性逻辑，而其严密性和说服
力绝不亚于线性逻辑的研究方式。类比性思维，就是通过不
断洞察整个人类状况及个人在其中的特定"位置"的过程，
来发展自我理解。这就包含系统的反省和不断的学习。

作为全面寻求自我认识的一个组成部分，据说，孔子的
门徒曾子每天在三个问题上进行自省："为人谋而不忠乎？与
朋友交而不信乎？传不习乎？"① 这种通过不断探察人的内在
自我而增进人的道德自我发展的努力，既不是对隐秘的纯属
私人的真理之自我陶醉式的寻求，也不是对孤立的经验之个
人主义式的自吹自擂。毋宁说，它是修身的一种形式，同时
也是协调人际关系的群体行为。

由此可见，《论语》把"学"放在中心地位，还应当被
理解为培养自我对整个世界和文化的反应能力的过程。因此，
学《诗》是为了掌握语言（"言"）来作为文明世界的必要交
流手段；学《礼》是为了把自己的群体所特有的"生活方式"

---

① 《论语》，第1篇第4章。

内在化。因此，学是做人的一种方式，而不仅仅是使自己取得经验知识的课程设计。学的整个过程就是力求丰富自我，增强其力量，升华其智慧，以便能对人恕，对己忠。

不用说，儒家意义上的"学"，基本上是道德上的修身。它是一个使人接受自己的文化资源，关心自己的社会价值，以逐渐建立自己品格的过程。因此，孔子说："己欲立而立人，己欲达而达人。"这种彼此关联的意识基于一个信念：做人绝不是一种维护私我的孤军奋战；相反，人是通过符号交换，通过彼此关系以确认共同体验的真理，从而成为一种有意义的存在的。

上述信念本身，就包含着对于人作为一种可以沟通并且可以分享的价值所抱有的深切关注。说人性可以孤立地实现，或可以用他人无法理解的一种私人语言来表达，那是不可思议的。诚然，自愿地暂停常人生活，例如服丧，在儒家各派思想中都受到高度尊重。但是即使在这里，重点仍然是通过重演繁缛的共同体验过的角色和场景，达到社会团结的目的。实际上，对死者的悼念，强化了对生者的关切。

在这方面，知识的中心关切就在于培育人道和生活之道。因此，可以理解，通过示范去教和学被认为是真正的、大概也是最有效的教育方法。一个人努力学习使自己成为仁慈的、诚实的、勇敢的和坚定的人，并不是通过遵守一套抽象的道德规范，而是通过不断接触，以为师者的生活为示范的多种多样的生存环境。为师者本身同时必须也是一个勤奋的学生。

此外，他还必须是一位体谅和热爱同伴的探索智慧的同路人，并以此身份回答关于自我、社会、政治、历史和文化的种种具体问题。

这大概是礼的价值在《论语》中获得如此重要意义的主要原因。礼，像语言一样，是交流和自我表达的一种形式。一个人若不逐渐知晓礼的"语言"，就不能成为社会的全面参与者。人的成熟依赖于创造性地获得群体所共同规定的价值。礼，作为人类交往的一种非言说方式，在儒家文献中受到特别重视。因为它不仅包含着对生命形态的共时性的承担，而且包含着对活的传统的历时性的承担。

然而，尽管《论语》的真正重心明显倾向于人的社会性，但把儒家的学习概念描绘成是社会学的，还是不对的。例如，孔子本人认为，真正的学是"为己之学"，而不是"为人"之学。① 事实上，君子之学所获得的是个我知识。这种知识隐含着一种生活方式，它永远不能作为一行为蓝图而全部客体化。这样理解的身教，就必然要求有一种探索的意识。事实上，对话式的交往作为自我理解的不断确证和更新的过程，总包含着创造性。从而，君子之道，既是一种可演示的群体行为，也是一个内在的自我转化过程。为人之道的这种内在性和直

---

① 在《论语》中是这样说的："古之学者为己，今之学者为人。"（第14篇第23章）阿瑟·韦利将这段话准确地译为："在古代，人们为自我提高而学习，今天，人们为影响他人而学习。"见《孔子的〈论语〉》，阿瑟·韦利英译本，页187。

接性，在《论语》中是经过孔子认可的价值，以致他毫不含糊地宣称："仁远乎哉？我欲仁，斯仁至矣。"①

也正是因为礼必须建立在仁的基础上，所以礼才被视为要后于仁。②假如没有仁，礼的实践就易于堕落成形式主义。孔子对颜回询问仁的意义所做的回答，是很有教益的。与他在其他场合将仁描述为爱和慈不同，孔子对他最优秀的门徒解释说："克己复礼为仁。"③这一富有生命力的思想包含着十分重要的一点，即如果说礼仪化是儒家为人（做人）的途径，那么，它是与儒家对克己（掌握自我）的更基本的关心不可分割的。

儒家对克己的关切，在孟子的哲学人类学中获得重大发展。孟子把学概括成只不过是寻回失去的心（"求放心"），并以此来突出心在其思想体系中的中心地位。④在他看来，学习做人的方法，首先是心的纯化和滋养。但是，由于《孟子》中的汉字"心"既有认知和情感的意义，又有意志的意

---

① 《论语》，第 7 篇第 29 章。

② 在《论语》中是这样说的："子夏问曰：'巧笑倩兮，美目盼兮，素以为绚兮。何谓也？'子曰：'绘事后素。'曰：'礼后乎？'子曰：'起予者商（子夏）也！始可与言《诗》已矣。'"（第 3 篇第 8 章）应当指出，这里的《诗》是指《诗经》，它代表人的基本情感的自然流露。

③ 《论语》，第 12 篇第 1 章。对孔子这段思想的哲学意义的讨论，见我的论文《仁与礼之间的创造性张力》，载《东西方哲学》总 12 期（1968 年 1—4 月），页 29—39。

④ 《孟子》，第 6 卷（下）第 11 章。

义，因而心的修养就不仅包括协调人的情感，而且包括锐化人的意识和确立人的意志。实际上，孟子所说的心，绝不仅仅是一个生理学或心理学的概念，而且是进行道德自我修养的本体论基础。孟子声称，正是由于心——它也被称为"大体"——道德才不是从外部置入我们，而是我们本性所固有的东西。①

我认为，正是在这方面，孟子坚持认为"不能"和"不为"之间存在着基本区别。②尽管孟子充分承认人与人之间在气质、才能、智力和环境影响方面的差异，但他坚决主张，作为寻求道德自我发展手段的学习做人的能力，是为人类社会每一成员所具有的。意志能力，即心的内在决定能力，不仅是自我实现的终极原因，而且也是自我实现的现实力量。事实上，孟子的道德哲学更加清晰地表达了儒家对人的意志力的信念："三军可夺帅也，匹夫不可夺志也。"如我在别处指出的，孟子对人能通过自我努力而臻于完善的始终不渝的信念，是他赞成这样一种观点的直接结果，即不管人心受到怎样的干扰和破坏，它的内在的复活力量永远不会被削弱。③实际上，这种貌似简单的求助于所谓真我的不可摧毁性，是

① 关于孟子道德哲学的讨论，见我的论文《论孟子的道德自我发展概念》，载《一元论者》（*The Monist*）总 61 期（1978 年第 1 期），页 72—81。另见《孟子》，第 6 卷（上）第 15 章。

② 《孟子》，第 1 卷（上）第 7 章。

③ 杜维明：《论孟子的道德自我发展概念》，页 76。

与一种强调人的价值的共同性和普遍性的人性论密切联系在一起的。

孟子通过将注意焦点放在"人之所同然者"上，企图说明道德的善不仅是人性固有的潜能，而且是被普遍体验的现实。无疑，孟子充分意识到人有一种"实在太像人的"残害自然、人类和自我的残暴，因为他毕竟生活在历史上被称为"战国"的时代，这个时代以同姓同族间残杀斗争的众多事件著称。关于牛山的寓言——这座山的树木被伐木者砍得精光，嫩芽新枝也被放牧的牛羊吃光——清楚地表明，孟子深知人的生存环境遭到破坏的程度。然而，尽管他对人性的实际状态作了现实主义的评估，但他仍然提出"圣人与我同类"①的命题。这一论断给人的启示是，外部环境不管变得如何恶劣，都不能使我们否认普通人能够成为圣人的现实。

对自我内在根源的这种信赖性的承担，②其根据就在于：人的共同情感，例如恻隐、羞恶、辞让以及是非之心（尽管它们是相对的，且有时是微弱的），却是道德自我修养的具体基础。我们作为一个普通人，当突然看见小孩就要落井时，就会立即体验到惊恐和关切。这一事实有力地证明，我们具有同情他人的能力。当然，我们的同情心有时是潜伏的，有

---

①　《孟子》，第 6 卷（上）第 7 章。

②　"信赖性的承担"这一术语，在这里是在迈克尔·波拉尼的意义上使用的；见他的《个人知识：迈向后批判哲学》（New York：Harper & Row, 1962），页 30—31。另见《孟子》，第 6 卷（上）第 6 章。

时只是一种被自私烦恼的灰尘所掩埋的"火花"。但是，心的本性和功能就是这样，一旦它受到保护和滋养，就会重新获得活力。虽然人会失去他的心，但是说人不能立志找到它，那就不可思议了。不消说，意志行为本身也是心的一种活动。思维的这种表面的循环论证是微妙的，但不是恶性的循环。孟子极其严肃地断言，如果任何具有道德情感的人"皆知扩而充之矣，（终将）若火之始然，泉之始达"。① 实际上，这是普通人最终可能成为圣人的道路。它象征着仁的无所不包，而又充实饱满。因此，孟子之"学"首先关心的是寻求自我理解，而"求放心"是一种精神的严格自律。依靠这种自律，诸如恻隐、羞恶、辞让的原发情感和是非意识就会转化成仁、义、礼、智等道德品质。

不过，如果由此认为在孟子那里，知识已失去了它的客观有效性，自我认识不过是转化中的孤立的自我的自我意识，那就不对了。比如说，孟子把"内在性"（"内"）放在突出地位，这既不是对个人隐私的关心，也不是要猎取个性。毋宁说，它为了说明个我知识是通向真正的沟通和自我理解的可靠道路。这与儒家的下述训条是一致的，即以自己的情感为导向的能力，正体现于人际交往的过程中，② 为己之学是表现共同人性的最好方式。

---

① 《孟子》，第 2 卷（上）第 6 章。

② 《论语》，第 6 篇第 28 章。

不可否认，人的强烈情感往往与诸如食、性等本能联系在一起。虽然孟子竭力劝告说，"养心"有赖于"寡欲"①，但他绝不主张禁欲主义。相反，他不但认识到而且主张，基本的生理和心理需要必须适当地予以满足。事实上他坚持认为，政治领袖的责任，就在于使人民有饭吃并使他们富裕，这是教化他们的先决条件。孟子坚持说，如果没有适宜的生计，把道德标准强加给人民是没有意义的。②然而，指出下面这点是极为重要的，即动物性欲望的满足，不过是对人的最低要求。如果一个人牺牲其"大体"，专注于食和性，那么他就很难充分地意识到作为人的价值。这就像一个目光短浅的人只知"养其一指而失其肩背"。③"均是人也，或从其大体，或从其小体。何也？"对这个问题，孟子的回答是："耳目之官，不思而蔽于物。物交物，则引之而已矣"。④

不言而喻，正是"思"能把我们从小体的限制中解放出来。我们不应当把这种观点错认作唯智论。孟子意义上的"思"，不仅涉及心（情感）和脑（思维），而且涉及"身"。它意味着一种整体的或整合式的学习方式。所以，孟子说："先立乎其大者，则其小者弗能夺也。此为大人而已矣。"⑤也

① 《孟子》，第 7 卷（下）第 35 章。
② 《孟子》，第 1 卷（上）第 7、20 章；第 3 卷（上）第 3 章。
③ 《孟子》，第 6 卷（上）第 14 章。
④ 《孟子》，第 6 卷（上）第 15 章。
⑤ 《孟子》，第 6 卷（上）第 15 章。

正是在这个意义上，孟子坚决主张："唯圣人，然后可以践形。"即可以充分实现人或人"身"的形构。① 换句话说，真我的发展不同于私我的膨胀，它是一个把自己向日益拓展和深化的价值视野敞开的过程，而这些价值是志趣相投的有道德的个体所共同组成的群体所共有的。这是一条具体的途径，通过它可以使个我认同和彼此沟通的经验得到普适化。在这种背景下，孟子的结论似乎是恰当的：如果我们能充分扩展我们的心（尽心），我们就能彻底体悟我们的人性（知性）；如果我们能彻底体悟我们的人性，我们就能知天。②

　　从表面上看，这似乎只是一种天真的信仰，相信心有充分发展自身的能力；同时在这个过程中，它不仅会理解一般的人性，而且还将理解最高的真实，也就是天。然而，先秦儒家有一个基本假定，支撑着人道和天道的合一这个似乎放肆的浪漫主义主张。它所提出的理由，可以在短小而极富启发性的原典《中庸》里读到。在我对《中庸》的研究中，我曾提出如下意见：

　　　　尽管《中庸》承认天人合一，但是它既不否认、也不轻视超越的真实体。事实上，既然人性为天所授，并为天所确认，因而在《中庸》看来，人以任

---

① 《孟子》，第 7 卷（上）第 38 章。
② 《孟子》，第 7 卷（上）第 1 章。

何本质方式与天离异，是不可思议的。人作为天的
创造过程的不可分割的组成部分，不仅被赋予了宇
宙之"中"（宇宙最精致的品质），而且担负着使宇
宙完成其生化的使命。因此，道不过是真正人性的
现实。严格地说，天与人的关系不是创造者和创造
物的关系，而是以诚相待的关系；人知天的唯一途
径，就是深深地渗入自己的存在基础。因此，一切
哲学或宗教的探索必须从反思此时此地的人的问题
开始。①

　　对《中庸》所作的这种哲学人类学的初略概括，也许给
人以这样的印象：儒家传统中的孟子一系（《中庸》是它的一
个组成部分），似乎赞同"人是万物的尺度"这一命题。但是
正如我曾进一步指出的：

　　　　人们（当然）可以争辩说，《中庸》中的教与学
所关心的，基本上是如何做人的问题，并认为天人
合一、人与自然和谐等学说，都是这种人文主义关
切的表现。神灵主义和自然主义本身在《中庸》中
并不起主要作用。但是，如果我们把《中庸》的人
文主义说成是人类中心论的一种形式，而无视其中

---

①　杜维明：《中与庸：试论"中庸"》，页9。

的神灵主义和自然主义的层面，那是不足取的。①

实际上不难看出，就《中庸》的视角来说，实现人性的最深层意义必然引发一个超越人类学领域的过程，其中的逻辑是很容易理解的：既然人性受之于天，因此它就分享了那构成万物基础的真实。所以，要实现这个深藏的真实，并不是超越，而是要通过人性来进行。从本体论角度来看，这是以人性具有通过日常生活实现天的终极意义的"良能"和"良知"这一信念为基础的。但是，要想在具体的日常经验中实现人性的这个本体论真理，需要一个持续的修身过程。这使人联想起曾子对道和君子之责任的描绘："仁以为己任，不亦重乎？死而后已，不亦远乎？"②

正是在这个意义上，充分实现自己本性的人必然会成为本真的人性的楷模。"因此，被实现的不仅仅是他个人的人性，而且是总体上的人性本身。既然人之性是'万物'的不可分的组成部分，因此它的完全实现必然也导致万物的实现。"③在这种背景下，真诚的、本真的人对自我认识的寻求，可以被认为同时也转化了宇宙。《中庸》的以下论述，因而可看作是儒家对人的可完善性信仰的明确表达：

---

① 杜维明：《中与庸：试论"中庸"》，页 10。

② 《论语》，第 8 篇第 7 章。

③ 杜维明：《中与庸：试论"中庸"》，页 118。

> 唯天下至诚，为能尽其性。能尽其性，则能尽
> 人之性；能尽人之性，则能尽物之性；能尽物之性，
> 则可以赞天地之化育；可以赞天地之化育，则可以
> 与天地参矣。①

确实，"君子通过长期深入挖掘自己的生存基础的无止境
过程，发现他的真正的主体性不是孤立的自我，而是进行创
造性转化的真正源泉所在。"②

于是，对内在精神性的寻求和对社会责任性的承诺之
间的表面冲突，不再有关宏旨了。就连自我和社会之间的张
力——它是"宗教"经验的最显著特征之一——也获得了不
大相同的意义。在儒家思想的孟子传统中，"内在性"意味着
一种被体验到的人的价值，一种对善的个我亲知。但是，要
说人的内在的仁义道德感的成熟不会导致对社会福祉的日益
增长的关切，那是不可思议的。事实上，对自我日臻成熟的
真正威胁正是自私。自我的私我化，用孟子的话来说，就是
小体挫败了大体。因此，养心就要使心能从自我与他物之结
构相互沟通的遍在的源泉中不断汲取力量。

这种人文主义的见解——起初见之于《论语》，继而在
《孟子》中展开，最后在《中庸》中获得丰硕成果——是对于

---

① 《中庸》，第22章。

② 杜维明：《中与庸：试论"中庸"》，页140。

自我理解和自我实现这种人的永恒关切所采取的一种整体性取向。因此，儒家的人文主义根本不同于人类中心主义，因为它承认天人合一，而不是将人的意志强加于自然。事实上，人类中心主义的假设——人被置于地球上为了寻求知识，随着知识的扩展，人对地球的统治也在扩展——与儒家把求知当成自我修养之必要组成部分的观点截然不同。诚然，知识就是力量这一信念，在儒家传统中并不是完全没有。例如，荀子就竭力主张，既然文化是人为的，因此，人对自然的改造不仅是必要的，而且是完全值得称道的。但是，荀子所提倡的，绝不是富有侵略性的那种唯科学主义。事实上，他痛苦地意识到了匮乏这个原则。因此，总的说来，他对自然资源采取的是保护主义的态度[①]，并不主张对它操纵滥用。

因此，人对自然的改造意味着有节制地利用环境维持基本生计；同时也意味着学会协调地生活在自然环境中，进行一种整合性的努力。剥夺自然的观念与儒家对道德自我发展的关切不兼容，因而被抛弃。因为，按照儒家说法，一旦我们的注意力集中于外界，我们的内在资源就一定会被浪费掉。用孟子的话来说："物交物，则引之而已矣。"这会形成恶性循环。由于物作用于感官，感官就需要更多的物来满足。这会导致"小体"不可遏制的扩张，即一种膨胀了的私我，最

① 对荀子政治和社会思想的简要论述，见冯友兰：《中国哲学史》，德克·卜德英译本（Princeton：Princeton University, 1952），卷 1，页 294—302。

后造成真我（本心）的丧失。这似乎支持了现代社会学的见解，即对技术支配力量的赞颂可能产生一种具有巨大多种才能的生物，他的外在的灵活性与他少得可怜的内在自由是不相称的。换句话说，他的适应能力仅仅说明一个冷酷事实，即由于他已被人为的环境塑造成种种不自然的做作的形式，他再也不能体验他自身的自我了。

　　然而应当指出，儒家用人文主义观点探求整体性理念，与寻求经验知识的科学精神绝不是不兼容的，尽管它与主张唯有可实证的知识才有哲学上合理性的武断的实证主义大相径庭。事实上，经验知识在儒家传统中具有珍贵的价值，以致儒家为人之道规定了一个内容广泛的教育纲领，除了其他学习内容外，它把花草树木、飞禽走兽的自然界也包括在内。还应当指出，有教养的人所必备的儒家"六艺"，既涉及算术，也涉及礼、乐、射、御、书。[1] 并且，儒家的五经也是研究天文、地理、政治、历史、诗歌和文学的丰富资源。这就不难理解，《大学》这篇非常简洁地论及儒家修养的文章，为何以"格物"的训言开始它的教诲。[2] 当然，儒家意义上的致知，一向被认为是一种整体性的"人化"（或"人性化"）过程的组成部分。但是，知识的价值在儒家的人文主义中是绝

---

　　[1]　"格物"概念是宋明儒家思想中学术争论的最重要焦点之一。它是《大学》中为学"八条目"第一步。见陈荣捷：《中国哲学资料选集》，页84—94。

　　[2]　这里是指儒家教育的著名的"六艺"，见《周礼·地官·大司徒》。

对不可少的；一个人不经过学习做人的自觉过程就能成为充分意义上的人，是不可思议的。

在这种精神导向中，包含着一种要求：在作为内在道德选择的自由与作为整个宇宙展示其自身的知识之间，努力保持微妙的平衡。它既反对通过内省肯定孤芳自赏的私我，也反对为了无限扩张人的操纵力而对外部世界过分依恋。象征着人的求知、变革和征服欲望的浮士德精神，或无限扩张的普罗米修斯神话，是与儒家的人的概念不兼容的。这并不是因为它们凸显了自我超越，而是因为它颂扬了对太初秩序的彻底破坏。当孟子说到"大人者不失其赤子之心者也"① 时，他可能是就知识及其与人性的关系做出概括性论断。在他看来，知识的价值在于它对增进自我的实现、人的群体性和天人合一的智慧方面有所贡献。换句话说，知识帮助我们实现我们的原初本性。如果人们为知识本身而追求知识，使知识完全超出人的自我认识，它就会成为对我们内在自由的严重威胁。

另一方面，在儒家传统中，占有知识绝不是为了把它变成一种占有物，以便控制自然。毋宁说，它意味着自我向自然开放的一种动向。要过丰满的生活，就需要一种把有限的自我结构转化成日益深广的自我的意愿和勇气。正是在这个意义上，真正的主体性不仅与那种亲身体验的普遍性并行

① 《孟子》，第 4 卷（下）第 12 章。

不悖，而且是它的不可或缺的要素。对于自我实现的真正威胁不是外部世界，而是对自我的无知和唯我主义。因此，儒家的"道"——它主张无止境的自我转化过程是一种群体行为①——企图表明，被恰当地理解为一种人文主义价值的知识，可以最终把我们从小我的禁锢中解放出来。

关于自我问题的讨论，自然会把我们引向一种比较考察：儒家传统不是根本没有，就是完全拒斥了一大批西方观念，而这批观念被认为是对人性作出了比儒家更加精致的哲学理解的必然产物。这类观念包括自我利益、私有财产、心灵孤独以及心理上的个人中心主义。它们分别对政治上、经济上、宗教上和伦理上的个人主义的形成做出积极贡献。确实，我们还可以进一步指出，与这类观念相冲突（即使不算相矛盾）的观念，例如责任意识、公职观念、天人感应和群体感，在儒家思想中却占有非常突出的地位。当然，我们必须考察中国历史的各个不同阶段，以便从经济条件、政治组织、社会结构和其他种种制约条件中，去确定究竟是哪些原因造成了个人主义的观念与其社会实践之间——主要从西方观点来看——出现了表面上很不平衡的现象。

这是否意味着儒家的人的尊严概念可以和个人的自主、私隐和自我发展分离开来呢？毫无疑问，儒学的平等，是根

---

① 关于这一点的更全面的论述，见我的论文《作为群体行为的终极自我转化：论传统中国之自我修养模式》,《中国哲学杂志》1979 年第 6 期，页 237—246。

据人的内在价值及其达到道德完善的固有能力来界定的。既然自我实现的本体论基础和实际的力量被认为是牢牢地固定在人的心性结构之中，对人的尊严的尊重必然会被认为平等而普遍地适用于所有的人。但是，由此并不必然得出这样的结论：既然应该平等地尊重一切人，就不可能批评那种以自我为中心的自主、作为自我孤立的私隐、作为自我中心主义之表现的自我发展。

我们很难证明，一个人不通过自我决定的方式作出抉择也能保持自身的尊严。然而，如果说人的尊严仅仅取决于他能否完全根据有意识的"自我"来决定自己的行为，那么这仍然是一种极为可疑的说法。具体地说，一个人到底在何时何地并如何行动才算自主地进行活动，往往是可争议的。更复杂难断的是下面这个伦理宗教问题：到底哪种人才算真正体验到内在自由并进而宣称是自主的呢？同样，把私隐说成是免于干扰和不受阻碍的自由，是以一个特定观念为基础的。这个观念，用以赛亚·伯林（Isaiah Berlin）的话说，就是"必须在私人生活领域和公共权威领域之间划定一条边界"。但不幸的是，这个"边界"观念在道德上是有争论的，并且很容易在政治上被滥用。在我们看来，即使就自我发展来说，虽然实行自我中心主义并不像受意识形态控制的集体主义观念对易于轻信的人进行反复灌输那样危险，但它仍然构成一种对人的正常成长的扭曲。

在历史上，个人主义作为西方社会推动力的出现，可能曾与某些十分特殊的政治、经济、伦理和宗教传统交织在一起。因此，人们似乎可以合理地认为：我们可以赞同把自我视为平等和自由的基础，而拒不接受洛克的私有财产观念、亚当·斯密和霍布斯的私人利益观念、约翰·斯图亚特·穆勒的隐私观念、克尔凯郭尔的孤独观念，或早年萨特的自由观念。尽管我同情斯蒂文·卢克斯（Stephen Lukes）的结论，即"实现个人主义的种种价值的唯一道路是某种人道形式的社会主义"，① 但是我仍然猜想，这项工作大概必须从探讨人的价值及其深远的哲学含义开始。

---

① 斯蒂文·卢克斯：《个人主义》（New York：Harper & Row, 1973），页157。

五　仁：《论语》中一个充满活力的隐喻

　　在一篇考察中国人和西方人对仁的解释的文章中，陈荣捷坚决主张，孔子在《论语》中第一个把仁看成具有普遍一般性的美德："它是基本的，普遍的，并且是一切具体美德的根源。"他进一步评论说："虽然孔子的仁作为普遍性美德不会被误解，但他从未给它下过定义。"[①]他的看法是，在儒家象征系统的价值等级结构中，仁占据中心地位，其他基本美德都围绕着仁而依次展列。尽管仁本身从未得到明确界定。这种看法，按照中国人和日本人的传统注疏，其正确性似乎是自明的。

　　据我所知，对这种颇为一致的解释唯一提出严峻挑战的，是赫尔伯特·芬加雷特。他集中研究了"礼"，视之为人类社群中"神圣的仪礼"。在《孔子——以凡俗为神圣》一书中，

---

　　①　陈荣捷：《中国人和西方人对仁的解释》，《中国哲学杂志》1975年第2期，页109。

芬加雷特认为，在《论语》中绝不可能有任何关于内在心灵生活的譬喻。孔子的仁应当理解为"通过礼所规定的各种具体形式表达的互相信任和尊重"。① 本文的目的，就是结合芬加雷特富有挑战性的见解，对于"仁"作为一个富有活力的隐喻进行一次新的探讨。

论辩境域

对于擅长论争技巧的现代研究者来说，孔子看起来像"一位平庸狭隘的道德说教者"，他的言论集似乎是"古旧过时、支离破碎的东西"。② 如果研究者主要关心的只是语文学或训诂学的具体问题，这种初步印象很可能固定下来，变成一种不加反思的成见。③ 不用说，一种仅仅限于阐明经典原文在文字训诂解释方面细微差别的研究，会留下许多根本就没有提出的问题。既然"未提出的问题看来也无人回答过"，④

---

①　芬加雷特：《孔子——以凡俗为神圣》，页42。

②　芬加雷特：《孔子——以凡俗为神圣》，页7。当然，芬加雷特明确地指出，他对《论语》的这种印象是短暂的。

③　"语文学"一词在这里仅用来表示清朝乾嘉学派传统中的语言分析方法。我知道，用沃克的《语文学》原理的术语来表示的"语文学"——它表示"对曾经被认识的东西的再认识"——在哲学上还是有意义的。这种看法，我得益于丸山真男。参见他的《日本政治思想史研究》，米基索·海因英译本（Princeton：Princeton University Press, 1974），页20。

④　芬加雷特：《孔子——以凡俗为神圣》，页9。

因而，认为孔子是一位过时的道德说教者，对他的研究只"具有历史上的意义"的看法就会继续保持下去。① 孔子在什么意义上才能像芬加雷特所说的那样，被理解和评价成"一位像我所知道的任何伟人那样具有深刻洞察力和丰富想象力的思想家"呢？②

开始我就想指出，《论语》的表达方式，是一种韦恩·布思（W. C. Booth）所大力倡导的"求同论辩"的形式。③ 在这种论辩情境中，内部的沟通线路是以一种与伪科学论断根本不同的人性观为基础的。这种论断认为，人是存在于价值中立的宇宙中的一种理性的原子式的机别，而本文的基本设定却是：人类是通过象征符号的互相交换而取得其存在的。我们"是在彼此分享目的、价值和意义的过程中被创造出来的；实际上，我们相互之间相似之处胜过差异之处，我们存在于共性中比存在于特性中更有价值：离开了我们之间的关系去考虑，我们事实上就变成什么也不是了"。④ 从这种视角着眼，用"个人"和"社会"这两种术语来界定的整个世界

①　列文森意义上的"具有历史上的意义"，其含义相当于"传统主义"的含义，意味着正在谈论的"遗产"跟现代没有什么关系，因为它不再是活的传统了。指出这一点是十分重要的。

②　芬加雷特：《孔子——以凡俗为神圣》，页 7。

③　韦恩·布思：《现代教义和认同修辞学》（Chicago：The University of Chicago Press, 1974）。我感激我的同事莱昂纳德·内森（Leonard Nathan），他引起我对这本富有生气的著作的注意。

④　布思：《现代教义和认同修辞学》，页 134。

就发生了转变：“甚至像我、我的、我的东西、自我这些词的用法，都必须重新思考，因为自我和他人的分界线不是消失了，就是明显地改变了。”①

正是在这方面，芬加雷特的洞见显得异常贴切：

> 内在的人及其内心冲突的形象，对于作为下面这种存在物的人的概念并不是非有不可的：这种存在物所具有的尊严是一种微妙、精致而复杂的生活臻于极致的结果。在这种生活中，人的行为既能从自然角度去加以理解，又可以与神圣境界相协调。在这里，实际的、思想的和精神的诸层面都同样受到尊重，并在同一种行为即礼的行为中和谐一致。②

确实，由于强调人类生活的共同性、互通性和群体性，“求同论辩”不仅确认了人的本性的可塑性，而且确认了通过群体共享和相互激励而形成的未经割裂的自我的可完善性。但是，这既不是对幻想浪漫式的主张开出许可证，也不是对武断的科学主义的操作的崇拜，而是企图不诉诸“纯属单线式”的论辩程序，而对“我们之间自然而然的、不可避免的

---

① 布思：《现代教义和认同修辞学》，页134；另参阅芬加雷特：《孔子——以凡俗为神圣》，页72—73。

② 芬加雷特：《孔子——以凡俗为神圣》，页36。

相互作用的方式从常识角度"给予肯定。① 在另一个场合，我曾使用与"彼此对抗的系统"相对立的"彼此信赖的群体"这个概念，来描述这种心灵和社会的情操。②

以这种论辩见解为基础的哲学人类学主张，"人在本质上是一种自我塑造和再塑造的过程，一个符号操作者、信息交换者、沟通者、劝说者和操作者、探究者"。③ 在既具有认知又具有情感意义上的自我认识和群体意识所赖以发生的符号交换，就这样变成了人的基本生活环境。在这种情况下，充满类比推理的对话交谈，绝不仅仅是一种"不健全的归纳陈述的形式"。④ 因为它们的说服力并不在于不带感情色彩的逻辑推理的精确无误，而在于诉诸常识，诉诸健全恰当的情理，诉诸参与共同价值的创造活动的意愿。

诚然，正如布思所说："我们没有理由假设，世界是合乎理性的，仅仅因为它能使我们所有的'局部'价值和谐化；事实上，我们知道，这个世界每时每刻都表现出……各种合理认识之间的尖锐冲突。"⑤ 其实，在《论语》中找不到人们从客观主义者的论断中所得到的那种假设，即"一切真正有

---

① 布思：《现代教义和认同修辞学》，页 141。

② 杜维明：《中与庸：试论"中庸"》，页 99—152。

③ 布思：《现代教义和认同修辞学》，页 136。

④ 根据蒙罗·C. 毕尔兹莱：《直接性思维：读者与作者的推理原则》(Englewood Cliffs, N.J. : Prentice-Hall, 1966)，页 130—136、284，引自布思：《现代教义和认同修辞学》，页 141。

⑤ 布思：《现代教义和认同修辞学》，页 110。

理智的人总归会取得一致"。① 相反，理所当然的是，具有不同个性的通情达理的人，会对"道"产生各种不同的看法。我在思考儒家立身成人的概念时已经指出："既然道不是一种确立固定的行为模式的标准，一个人就不能依据他接近某种外在理想的程度来衡量其行为的成败。"② 因此，"甚至在孔子最亲近的门徒中，自我实现的途径也很不一致。在颜回的早夭和曾子的长寿之间，有着立身成人的许多不同表现"。③

不过，实现道的途径的多样性，绝不与这样的观点相冲突，即求道必须经历一个符号交换的持续过程，这个过程乃是通过与他人分享他们所共同珍视的各种价值实现的。自我作为人际关系的中心而不是作为孤立的个人，在《论语》中是作为一种基本前提存在的，以至于我们可以说，所谓"彻底自主的存在物"的人是不可思议的，"除非在人类交谈沟通的母体中"④，本真的自我是不可能显现的。

按照这样的理解，《论语》中的对话，就不仅是大师的指导性言论，而且是主体间相互确认的思想观念，是交谈者以自己的生活经验为例，通过履行礼来体现的群体价值观念。既然礼的行为必需他人的参与，因此，《论语》的论辩处境从

---

① 布思:《现代教义和认同修辞学》，页111。

② 杜维明:《儒家的成人观》，*Daedalus*, 105：2（1976，春），页110。

③ 杜维明:《儒家的成人观》，页121。

④ 布思:《现代教义和认同修辞学》，页132；另见芬加雷特:《孔子——以凡俗为神圣》，页34。

所谓存在的意义上说，并不以老师向学生讲授的死板公式为特征，而是以老师答复学生的具体问题时所透露的特有情操态度为特征的。总的说来，这种交谈反映了对于作为彼此协力之自我实现的深切关怀，也反映了互相默契的群体追求。因此，可以理解，在儒家传统中，无论对老师还是对学生来说，教与学都是不可分离，甚至于是相互转化的。

符号学结构：作为指号的仁

一般说来，从词源上看，仁由两个部分构成，一部分是人形的简单表意符号，意味着自我；另一部分是平行的两横，表示人的关系。① 卜弼德（Peter Boodberg）在《儒家若干基本概念的语义学分析》一文中，显然遵从了这种诠释传统，提出应把"仁"译成Co-humanity（"互相为仁"之义）。他以对有关汉语词汇的古代音韵学分析为依据，进一步提出仁的原本含义应当是温和、柔弱。我根据他的理解推测，还有柔顺的意思。②

---

① 我意识到，关于指号的这种词源学考察，可追溯到汉语的训诂学者许慎，这种考察本身可能受了儒家传统的影响。见陈荣捷：《中国人和西方人对仁的解释》，页108—109。

② 卜弼德：《儒家若干基本概念的语义学分析》，《东西方哲学》1953年10月第2辑第4卷，页317—332。关于陈荣捷就卜弼德对仁的语义学分析所作的批判性评论，见陈荣捷：《中国人和西方人对仁的解释》，页125。

卜弼德的主张，并不是对儒家经典的新解释，它可以用中国学者和日本学者关于这个问题的大量学术成果来具体说明。在一项关于孔子以前时代仁的演变的新近研究中，方颖娴根据符号学分析的两个关节点，从鉴定仁的原义的角度概括了她的发现。据此，仁的原义应当是：（1）人类情感的温柔的方面，即爱；（2）对别人的利他主义的关心，因此是人性成熟的表现。[①]但不论在哪一种情况下，仁都是作为一项特殊美德在起作用的，往往与其他同等重要的美德，例如礼、信、义、智、勇，形成对照。因此，可以想象，仁者可能既无勇又无智，因为他的温柔可能变成代表懦弱的指号，而对于别人的利他主义的关心，可能成为现实地评估客观状况的障碍。

这位作者接着做出结论说，《论语》中仁的概念，似乎是春秋早期这两种倾向的结晶。孔子的创造性综合灵巧地把作为"爱人"的仁和作为"成人"（指充分发展人性或伦理学意义上的成人）的仁结合起来。[②]因此，在《论语》中，仁被上升为普遍性的美德，比儒家任何其他基本美德更富包容性。诚然，"爱"仍然是仁的显著特征，但随着仁的范围在质上的扩大，把仁仅仅设想为一种局部性的价值，就不再可能了。确实，仁者必定是勇敢而聪敏的，尽管勇敢而聪敏的人可能

[①]　方颖娴：《原仁论——从诗书到孔子时代之演变》，《大陆杂志》总52期（1976年3月第3号），页22—24。

[②]　方颖娴：《原仁论——从诗书到孔子时代之演变》，页33。

不是仁者。在更深一层的意义上说，通过仁这个普遍性美德，勇和智这一类价值就经历了某种再评价。勇敢和聪敏作为仁的符号学结构的构成因素，现在应当被理解为勇毅和智慧。

撇开发生学上的根据不谈，这种由于运思细密而造成的思想上质的跳跃，或许正是仁在《论语》中含义复杂的主要缘故。在方法论上，看来有一个问题与仁的符号学结构的复杂性特别密切相关，我们不妨称之为"接合"问题。不过，在简要地分析这个问题以前，首先就应当先指出，《论语》对仁本身到底是什么缺乏明确的界说。这一点，不应当解释成是夫子为了避免直截了当地向学生宣示奥秘的真理而有意设计的启发式手段："二三子以我为隐乎？吾无隐乎尔。吾无行而不与二三子者。"（第 7 篇第 23 章）相反，孔子在努力将他所理解和体验的仁的真正含义传达给学生时，看来倒是绝对认真的。正如许多学者指出的，在《论语》一书中真正表现得最凸显的、独一无二的特色毕竟是仁，而不是智、勇或礼。

尽管孔子"罕言利与命与仁"（第 9 篇第 1 章），但在《论语》中，他的被记录下来的对于仁的评论，远远多于他对其他美德的评论。当然，对这个问题的每条记载，都不过是通向那包罗一切的美德。或用韦利的说法，通向那"神秘实体"[①] 的一个线索。在《论语》的 498 章中，有 58 章、105 次

---

① 　阿瑟·韦利：《孔子的论语》，页 28。

提及仁，^① 其中肯定有一些表面上看来像是相互抵触或自相矛盾的论述。把这些论述进行机械罗列，不大可能连贯一致地说明仁。我们肯定需要一种更加复杂的方法。

首先，我们不应当轻易忽略那些可在体现仁的人身上所看到的，像是老一套的品德："谦恭""勤勉""诚信""恭敬""宽厚"和"友爱"（第13篇第19章、第14篇第5章、第17篇第6章）。因为在这些传统美德所提供的常识和合情合理的脉络中，我们就可以找到仁的所在。^② 不过，仁的温柔性还同"勇敢""坚定"和"果断"等品德紧密联系在一起。换句话说，唯有仁者才知道如何"好人"和如何"恶人"（第4篇第3章），因为只有达到最高道德水平的人，才能把爱憎之情按照不同的具体场合所应有的恰当反应，不偏不倚地表达出来。^③ 这里所依据的是下述的伦理原则，即立志求仁者应当戒除恶意（或者说戒除憎恨）。据此，他们就能以一种既公平超脱又富有爱心的方式，对充满价值和情感的情境作出反应。这种吊诡（不是晦涩），在读到孔子把四方讨好、八面玲珑的"乡愿"称为"德之贼"（第17篇第13章）时，便会得到化解。仁者不能容忍恶，是因为他对别人无恶意。因此，他能憎恶也就真实地表明了他心中并没有一股压抑着的

---

① 参见陈荣捷:《中国人和西方人对仁的解释》，页107。

② 参见芬加雷特:《孔子——以凡俗为神圣》，页41。

③ 参见芬加雷特:《孔子——以凡俗为神圣》，页40。

憎恨。①

我们把仁和其他两个重要概念即智和礼联系起来时，如何"接合"的问题就变得特别明显了。如果把仁理解为某种态度和意向的复合体，并把其他两个重要概念视为其组成部分或起作用的因素，那么，我们在仁对于智或礼的关系问题上的最初困惑就能消除。换句话说，仁就像是符号交换得以发生并存在的源泉。正是在仁的"影响范围"②内，智和礼的意义才得以产生、形成，而它们又反过来丰富了仁的资源。我只想指出，不作过度发挥，仁与智或礼的关系大体上可以这样表述，即"仁者必有勇，勇者不必有仁"（第 14 篇第4 章）。无疑，在裁决人际交往的法庭上，正如《论语》的论辩处境所示范的，如果只有仁出庭而不见礼与智，那是不合法的。另一方面，只追求形式的礼和小聪明的智的事例则清楚地表明，如果没有仁，所谓礼或智就很容易堕落成形式主义或者麻木不仁。因此，孔子说："人而不仁，如礼何？"（第3 篇第 3 章）这是因为礼的真正精神总是植根于仁之中的。

不管仁和智是否可视同"双翼，相互支持"，在孔子的伦理体系中，两者往往是成对出现的③（第 4 篇第 2 章，第 6 篇第 21 章，第 9 篇第 28 章，第 12 篇第 22 章，第 15 篇第 32

---

① 因此，我不能苟同芬加雷特所谓"这已经再明白不过了：仁的概念是模糊的"这一看法。

② 布思：《现代教义和认同修辞学》，页 126。

③ 陈荣捷：《中国哲学资料选集》，页 30。

章，第 14 篇第 30 章）。一方面是象征仁者的山、静、寿，另一方面是象征智者的水、动、乐，它们之间的对照（第 6 篇第 23 章），给人以这样的印象，即仁和智似乎代表生活的两种同样重要的风格。不过，当孔子断言说，一个人离开了仁既不能长期经受得起贫困，也不能长期经受得起安乐。当他断言仁者安于仁，而智者则敏于求仁（"不仁者不可以久处约，不可以长处乐。仁者安仁，智者利仁"。（第 4 篇第 2 章）时，他在仁、智二者之中偏重何者就十分明确了。智必须由仁来维持，而为了达到仁，又必须有智。"知及之，仁不能守之，虽得之，必失之。"（第 15 篇第 33 章）这段带有关键性的话，所表达的正是这个意思。

　　《论语》中的智，偶尔也带有贬义，指一种支离破碎或无关紧要的知识（"小知"）（第 15 篇第 33 章）。有时，无知也可能具有敏于感受或灵活变通的意思（第 9 篇第 7 章）。甚至智的对立面——愚，也可在特殊情况下被当作内在力量的确证而博得赞许（第 5 篇第 20 章）。相反，仁总是被理解为"善"（阿瑟·韦利）、"有人心"（E. R. 休斯）、"爱"（德克·博德）、"博爱"（H. H. 杜布斯）、"美德"（H. G. 克内尔）和"仁慈"（陈荣捷）。用古代中国后期著作中出现的"假"（如"假仁"）和"女子的"（如"妇人之仁"）等形容词来修饰仁的做法，在《论语》中是全然不存在的。根据上述讨论，看来可以说，尽管仁和智作为互补的美德出现在孔子的符号体系中，但毫无疑问，正是仁才反映了儒家之道更为基本的特征。

因此，说仁实际上与儒家一切其他基本概念微妙地联系在一起，也许算不得牵强。不过，仁与其中任何一个概念的关系都既不晦涩，也不神秘。我相信，系统地探究接合问题中的每一现象，最终可以导出仁的连贯一致的符号学结构。这方面的有关问题，丝毫不会比"格义"的学术传统所已揭示出来的种种问题来得简单。但是，通过"概念的比较"，或者用一种更有戏剧性的说法，根据比较分析，对一组组成对概念的意义进行一系列的"撕打强索"，仁的真面目是不会久藏不露的。

现在，我们可以尝试性地断定：孔子拒绝认为子路达到了仁，尽管子路有政治领袖的才能；他也拒绝承认冉求为仁，尽管冉求精于治国一套仪礼（第 5 篇第 7 章）；他还不赞成把子文的"忠"和陈文子的"清"看作仁。这并不是因为仁意味着"某种内在的神秘境界"，而是因为仁象征着人性在其最普通的也是最高的完善状态中的整体表现。

语意学的定位核心位置：作为象征的仁

当我们把注意力从仁的接合问题转向仁本身的问题时，我们很容易被这样的一种许诺所吸引，即只要求仁，仁就会立刻出现："仁远乎哉？我欲仁，斯仁至矣。"（第 7 篇第 30 章）我们还得知，虽然很难找到真正悦仁的人，但每个人都有足够的力量遵循仁的方向去行事，而无须依靠外来帮助（第4篇第6章）。可是，当曾子在他形象化的描述中将仁比作一个人毕生要承担的重任时（第8篇第7章），仁的直接可得及其必成正果的内涵又呈现出一层稍微不同的新意。确实，只有在人战胜了危难之后，他才能获得仁（第6篇第22章）。

仁本身既表现为一种给定的现实，又表现为一种无法达到的理想。这种吊诡被《论语》的一些章节弄得更为复杂了，而这些章节使我们联想起孔子在阐述仁的时候所抱有的那种绝对认真严肃的态度。君子被告诫无"终食之间"违仁；应当"造次必于是，颠沛必于是"（第4篇第5章）。仁必须先于其他考虑（第4篇第6章）。它是一种比人自己的生命更可贵的无上价值，因而是值得为之献身的理想（第15篇第8章）。

但是，求仁从来就不是一种孤立的奋斗，不是去追求孤立于"外在世界"或公众领域的内在真理或纯粹精神。"夫仁者，己欲立而立人，己欲达而达人。能近取譬，可谓仁之方也已"（第6篇第30章）。仁的任务，远远不仅是从内部去主观主义地寻求人自身的个体性，它像依赖个人的自省那样，也依赖于富有意义的群体的共同探求。

曾子每天进行的自省便是一个恰当的例子。修身的努力自然意味着存在一个很难归结为社会性考虑的精神道德层面，但是，曾子自省所关注的三大领域，即对人的忠，对朋友的信，对传习学业的尽心尽力（第1篇第4章），却都属于前述

"象征符号交换"的必要组成部分。因此，我们可以说，曾子这段教诲显然没有脱离人际关系的领域。这样理解的自我便成为一种价值创造的领域，而"信赖性群体"就存在于这个领域之中，并且是经由自我之间不断互动的传统才得以实现。我相信，正是在这种情况下，孔子才坚决主张，真正的学应当被界定为"为己之学"（第14篇第25章）。

不过，仁的本质特征又促使我们超越行为主义的取向，无论这种取向声称自己的涵盖面有多大。实际上，仁"在《论语》中看起来充满吊诡和神秘意味"[1]的原因，也与此有关。"克己复礼"这四字被阿瑟·韦利错误地翻译为"能使自己服从于礼"。[2]其实这词组本身清楚地说明，仁的实现同时包括驾驭自我和回复到礼这两方面。"能使自己服从于礼者为仁"这种诠释，从根本上就没有切中要害。[3]据此，把仁说成是一种"人掌握了礼所要求的行为技巧以后"的气质倾向，很可能是对两者之间的接合问题采取了不妥的看法。[4]仁不单是"人决心顺从礼的问题（如果他具有这样做的客观技巧的话）"。[5]事实上，它是一个内在力量和自我理解的问题，象

---

　① 芬加雷特：《孔子——以凡俗为神圣》，页37。

　② 韦利英译本，页162。见我对韦利的解释性阐述的批评：《仁与礼之间的创造性张力》，《东西方哲学》总第22期（1968年4月第2号），页30—31。

　③ 芬加雷特：《孔子——以凡俗为神圣》，页42。

　④ 芬加雷特：《孔子——以凡俗为神圣》，页51。

　⑤ 芬加雷特：《孔子——以凡俗为神圣》，页51。

征着一种进行创造性的群体性表达的取之不尽的源泉。

　　仁对礼而言所具有的第一性和礼对仁的不可分性，正是我在《作为人性化过程的礼》^①一文中试图展示的论点，它可以以孔子对林放"问礼之本"的回答为依据。孔子在指出这一问题的重要性后说："礼，与其奢也，宁俭；丧，与其易也，宁戚。"（第 3 篇第 4 章）显然，他强调的不是角色表演，而是"仁的素质"。因此，毫不奇怪，当子夏把孔子"绘事后素"的话理解为"礼后乎"的时候，孔子对子夏极为满意（第 3 篇第 8 章）。

　　进行自我驾驭是实践仁的关键，这可以从孔子在"刚、毅、木、讷，近仁"这段话中看出来（第 13 篇第 27 章）。事实上，尽管存在着将《论语》心理学化的危险，指出这一点仍然是重要的，即《论语》所包含的很多观念都规定，一个人成熟与否不仅取决于社会的认可，更重要的是取决于个人的品格。例如，要从武断（意）、教条主义（必）、固执己见（固）和自我中心主义（我）中将自己解脱出来（第 9 篇第 4 章）。据此，由精神道德修养形成的性格品质，例如温、良、恭、俭、让，则被认为是正常的人际交往得以进行的必要条件（第 1 篇第 10 章）。正是由于对自我完善的特别关注，才使孔子有理由说，发现缺点（"观过"）是"知仁"的一种

① 《作为人性化过程的礼》，《东西方哲学》总 22 期（1972 年 4 月第 2 号），页 188。

方式（第4篇第7章）。警惕、克服道德和精神上之"疾"
（"疢"）的方法，恰恰就是经常不断的"内省"（第12篇第
4章）。

正是在这个意义上，我认为，《论语》中引起争议的概念
"忧"（忧伤、烦恼、苦闷、焦虑），确实意味着一种不能靠
通常那种硬性的检测手段来检验或证实的"主观状态"。① 实
际上，它是一种对个我亲知或内在意识的反思，类似于迈克
尔·波拉尼称为"混然中处"（indwelling）的东西。② 当然，
忧总是与"可能带有不祥意味的客观不确定性和不安念头"③
相联系的，但它的内涵远远超过一种客观行为风度。"仁者不
忧"这一描述（第9篇第28章和第14篇第30章），至少在
表面上会使人觉得忧是与仁相对立的④。不过，孔子曾明确指
出："德之不修，学之不讲，闻义不能徙，不善不能改。"这
些才是夫子忧的一些例子（第7篇第3章）。

注意讨论"仁者不忧"的前后文，或许有助于正确理解
这个问题。《论语》中基本上表达了同一思想的两段话，都具
有对称的句法结构："智者不惑；勇者不惧；仁者不忧。"虽
然讲勇者不惧，但是孔子却教导勇者子路"必也临事而惧，

---

① 布思：《现代教义和认同修辞学》，页116。
② 迈克尔·波拉尼：《个人知识：迈向后批判哲学》（New York:
Harper & Row, 1964），页173、344、378。
③ 芬加雷特：《孔子——以凡俗为神圣》，页46。
④ 芬加雷特：《孔子——以凡俗为神圣》，页43。

好谋而成"（第 7 篇第 11 章）。与此相类似，既然说"不知为不知，是知也"（第 2 篇第 17 章），那么，能对自己弄不明白的事采取"阙疑"态度的人也就是智者了（第 2 篇第 18 章）。循着同样的思路，孔子之所以能够说他自己是那样乐意并渴望传习学业，以致"乐而忘忧，不知老之将至"（第 7 篇第 19 章），恰恰因为他忧的是道，而不是他个人的命运（第 15 篇第 32 章）。①

我们的分析没有使用纯粹心理学性质或纯粹社会学性质的语言和形象来描述，但我们完全不必为此而担心。西方心理学、社会学和哲学的最新发展毕竟表明：把"个人"与"社会"截然对立起来不仅令人难以接受，而且在经验上也是缺少证据的。

阐释的任务

至此，应该显而易见的是，"孔子思想最深刻的意义以及——吊诡地说——它对于我们时代的适用性问题"，尚有待于对《论语》一书进行系统的、抛开成见的研究来加以澄清。芬加雷特说："高尚的人，即'毋意、毋必、毋固、毋我'的人，追求的不是利，而是道。"② 这当然是很对的。然而，我

---

① 正是在这个意义上，我要就芬加雷特的阐述提出我的不同看法。见芬加雷特：《孔子——以凡俗为神圣》，页 45—47。

② 芬加雷特：《孔子——以凡俗为神圣》，页 79。

仍不能不怀疑，这些已取得正果的人是否真的变成了一个
"神圣的器皿"①。我宁可认为，《论语》对真正的人性的阐释
任务，正是从承认"君子不器"（《论语》第12章）开始的。

① 芬加雷特：《孔子——以凡俗为神圣》，页79。

六 孟子思想中的人的观念：
中国美学探讨

徐复观先生在他的《中国艺术精神》一书中指出，儒家和道家都确信自我修养是艺术创造活动的基础[1]，这与艺术的根本目的是帮助人们去完善道德和精神的品格的陈俗观点恰恰相反。它提出了一条解答艺术本身是什么，而不是解答艺术的功能应当是什么的思路。在这个意义上，艺术不仅成了需要把握的技巧，而且成了深化的主体性的展现。艺术感动着我们，因为它来自人与天地万物共有的灵感之源。这种观点的倡导者确信，真正的主体性的表现取决于自我的彻底转化。他们试图以各种方式，如立志、虚情、节情、养其大体等，来实现这种转化。由于深化的主体性集中在宇宙的"大本"上，从而使各种不同生命形态得以和谐，使人类与自然协调，以致使主体与客体的区别得以泯灭。

---

[1] 徐复观：《中国艺术精神》（台中：东海大学出版社，1966年），页132。

徐复观先生还指出，中国美学的一个根本观念，就是它坚持认为，主体与客体、自我与社会、人与自然的二分法都是不真实的，故而是可以互相转化的。[1] 真正的主体性敞开了私我化的自我，从而使自我能与他人进行富有成果的沟通。这种可沟通性所带来的终极快乐，用庄子的话说，使我们得以与造物者同遨游。[2] 既然造物者与所造之物之间的鸿沟都可以跨越[3]，那么，当人类创造艺术时，他们便参与"天地之化育"。[4]

徐复观坚持认为，《庄子》在中国哲学和历史上集中体现了审美主体性在中国的诞生。当然，徐先生也注意到，孔子思想中所确立起来的道德主体性，同样充满着深刻的美学内容。徐复观还提到了孔子对音乐的强烈爱好及"六艺"与中国美学发展的关系[5]，但是，他却很少提及孟子。而在这篇文章中，我将考察孟子的修身观念是如何同中国艺术理论相

---

[1] 徐复观：《中国艺术精神》，页132。

[2] 《庄子》，第6章，参见陈荣捷：《中国哲学资料选集》，页196—198。

[3] 牟复礼评述道："局外人感到很难探明的基本点是，在古代的和当代的、原始的和文明的各民族中，唯独中国人显然没有创世的神话。也就是说，他们认为世界和人不是被创造出来的，而是自发自生的宇宙的中心部分。在这个宇宙中，不存在外在于它本身的造物主、上帝、终极原因或意志。"即使我们确信他的论述过于偏颇，仍毋庸否认，人与上帝之间被意识到的鸿沟毕竟是可以跨越的。参见牟复礼：《中国的思想基础》，页17—18。

[4] 《中庸》，第22章。

[5] 徐复观：《中国艺术精神》，页1—40、48—49。

关联的。

　　我的考察具有双重目的：其一，探讨先秦儒学，特别是孟子关于人的思想；其二，说明这种探讨可能有助于理解中国的美学。我并不准备对孟子学说中关于人的概念作全面分析，也不打算论证孟子——而不是庄子——同中国美学有着特殊的关系。不过，我的确希望说明中国的哲学人类学对于艺术理论的发展提供了许多有关象征符号的资源。由于我集中探索的灼见来自《孟子》一书，此书对伦理学而言具有中心意义，但其美学含义却一直被忽略。因此，我的直接目的只是要指出某种美学研究的方向或方法。这样一种取向最终将有可能使人们确信，中国的艺术具有深厚的人文主义基础。

道

　　人道的原则，博大充实，是孟子全部思想的基础。[①] 在孟子的语言中，"道"作为一个隐喻绝非一个静止的范畴，象征着某些外在的、客观的东西。"道"是一个过程、一种运动，甚至是作为个人、社会和宇宙转化之生命力的自我的一种动态展开。在孟子看来，"道"与其说是一种需要遵循的准则，毋宁说是一种必须通过不断努力来实践的激励人心的标准。我们不可能单纯或简单地依靠活下去来实现人性，我们

---

① 参见杜维明：《论孟子的道德自我发展概念》，《一元论者》总 61 期（1978 年 1 月号），页 72—81。

只有通过修身，才能够充分实现人性中所固有的种种对仁慈的可能性。只有如此，我们才能说自己正在逐步变成本真的人。正因为"道"是一种永无止境的过程，故而曾子认为有志之士任重而道远："士不可以不弘毅，任重而道远。仁以为己任，不亦重乎？死而后已，不亦远乎？"①

倘若我们决心承担这种长期而艰巨的学做人的任务，那么，我们终将成为什么样的人呢？对于这种努力，必定会有些人不感兴趣。因为，如果他们从未想到自我完善的可能性，他们的生活真的会有什么严重的欠缺吗？不过，孟子并没有去推究人类可能堕落成什么样的可悲生物。在他所生活的战国时代，人与人之间横行无阻的非人道行为，很可能说明堕落几乎已经到头。孟子敏锐地意识到，整个社会都在为争权夺利而自相残杀，但他坚持认为，普通的一般人只要直接诉诸他们内心的资源，进行道德和精神修养，仍能成为圣人。他坚信，圣人和我们是同一类人。② 即使我们成了圣人，也不意味着我们上升为另一种不同的存在，我们实质上仍然是人。尽管孟子谴责那些不愿选择自我完善的人是自暴自弃，不可原谅，③ 但他同时充分承认，他们仍然有作为人的权利。这

① 《论语》，第 8 篇第 7 章。

② "圣人与我同类者""圣人先得我心之所同然耳"〔《孟子》，第 6 卷（上）第 7 章〕。关于这段译文，参见刘殿爵英译本《孟子》（*Middlesex, Eng- land: Penguin Classics, 1970*），页 164。

③ 《孟子》，第 4 卷（上）第 10 章。

说明在圣人与自暴自弃者之间，人性（仁）的范围的确是宽
广的。

　　孟子思想的一个鲜明特征，就是确信人通过自我努力有
可能达到至善。[1] 孟子既不求助于上帝的存在，也没有诉诸灵
魂的不朽，而是认为本然的人心已足以实现自我的完善。这
似乎意味着，在人性之中有一种道德的"深层结构"，它无须
外力的强制，就可以作为一种自然的生长过程而得到充分发
展。[2] 不过，这种貌似简易的自我发展之道，并非在追求一
种与世隔绝的内在的精神性。相反，它是通过学习，使一个
私我化的自我转变为一个具有能知能爱的自我的整体性过程。
除了关于深层结构的思想外，在孟子那里，我们还可以获得
一种自然生长的形象。因此，我们学做人的过程，不仅包含
着人的内在品质的突然涌现，而且也包含着对人性的"萌芽"
和"幼苗"的从容培养。例如，当我们突然面对他人遇到灾
难和不幸，如看到一个小孩失足于井时，[3] 我们能立即产生一
种恻隐之情。然而，除非我们注重对恻隐之心的培养，否则，
这种恻隐之心将停留于狭小的范围，无法超出亲朋好友的圈

---

　　① 　对于孟子的这一观点所作出的一个批判性反应，参见唐纳德·J.蒙
罗：《早期中国"人"的观念》（Stanford: Stanford University Press, 1969），
页 72—77。

　　② 　存在于人之善性之中的一种标准公式化的信仰。参见《孟子》，第
6 卷（上）第 6 章。

　　③ 　《孟子》，第 2 卷（上）第 6 章。

子。一般说来，恻隐之心需要一种异常强烈的外部冲击，把我们从日常的感觉迟钝中唤醒。而发展这种深层结构，就如同学习一种道德的语言或习得一种礼的形式一样，需要采取一种平衡稳健的方法（"心勿忘，勿助长也"）。[1] 这正像五谷只有成熟才能有用一样，"夫仁，亦在乎熟之而已矣"。[2]

即便是成熟的人也不能终止其学习，因为我们固有品质的发展使我们必须不断更加精炼。因此，熟练地掌握一种道德语言，或是彻底地习得某种礼的形式便成为一种持久不断的挑战。正如我们为了发展生成新的语言模式，或创造人类互动的新方式的能力需要每天练习一样，我们必须不停地修身，才能同他人发生富有成效的交流。成熟，作为人类学习的成果，包含着进一步发展的真正可能性。在道德发展的过程中，有着许多条道路可循，但在深浅不同的各种境界中它们交聚在一起，给我们提供了各种让我们景仰的激励人心的标准。但是，不能把这些标准看作固定的模式，而应看作人性完美的各种见证。[3] 我们可以从孟子的思想中清楚地发现这一点：

> 可欲之谓善。
>
> 有诸己之谓信。

---

[1] 《孟子》，第 2 卷（上）第 2 章。

[2] 《孟子》，第 6 卷（上）第 19 章。

[3] 杜维明：《论孟子的道德自我发展概念》，页 80—81。

充实之谓美。

充实而有光辉之谓大。

大而化之之谓圣。

圣而不可知之之谓神。①

从"善"到"神"存在着许多微妙的层次。要对它们作出精密的评价，就必须对作为其基础的动态过程加以考虑。这一点，可以通过对先秦儒家思想中人的概念作出更详细解释而得到进一步说明。

身

由于儒家所倡导的修身方法是教育孩子顺从父母、尊重权威、认同社会规范，故而儒家的修身方法往往被假定为只有社会学意义。这种常识性的观点不能解释儒家传统学说中大量文献所反复强调的一点，即把关注人的身体的重要性作为做人的一个必不可少的要素。如曾子在临终之前，象征性地要他的弟子"启予足，启予手"，说明他对父母所授之身体的敬重。②借用《论语》使用的形象：人必须视自己的生理躯

---

① 《孟子》，第 7 卷（下）第 25 章。

② 《论语》，第 8 篇第 3 章。

体为神圣的器皿。① 这不仅是一种出自孝的情感，也是因为自我作为具体的活着的实有，是与身体分不开的。由于修身在其字面上已涉及"身"的修养，所以，在先秦儒学中有着许多与身体相关的论述。确实，如果我们意识不到身体的重要性，就很难理解先秦古典儒家思想中的六艺② 的意义。

"艺"就词源学而言，意味着种植和耕地的活动。③ 这个字似乎源于农业生产，后来才引申为获得技巧的含义。所以，一个有艺的人，就是一个能够完成不寻常任务的有才之士。④ 儒家对文学造诣的强调，也许促成了以美术来界定"艺"字的倾向。⑤ 在古典教育的内容中，六艺往往是与体育活动有着特殊联系的科目。它们既是需要操习的动作，又是应从精神上去掌握的科目。学习六艺，似乎是有意地不仅使我们的心而且也使我们的身受到文明的洗礼。当然，我们未必会意

① 对这一观点有洞察力的分析，参见赫尔伯特·芬加雷特：《儒家的一个隐喻——神圣的器皿》，收入他的《孔子——以凡俗为神圣》一书，页71—79。并参见《论语》，第 2 篇第 12 章，第 5 篇第 3 章。

② 《周礼注疏》（见《十三经注疏》，1815 年 ），第 10 章第 24 节和第 14 章第 6 节。

③ 这是从许慎的《说文解字》中获得的原始含义，参见诸桥辙次：《大汉和字典》13 卷本（东京，1955—1960 年 ），卷 9，页 987。

④ 《论语》，第 6 篇第 6 章。

⑤ 例如，元初学者刘因（1249—1293）曾说，"艺"这一概念的含义从孔子时代起就经历了根本性的转变。当时，夫子们使用的"艺"这一概念具有礼、乐、射、数、御、书等实践的含义；而现在，艺主要包括了诗歌、散文、书法以及绘画等。参见《叙学》，载《静修先生文集》（1897 年 ）。

识到这些科目所包含的哲学依据，但是，认为六艺是以社会规范单方面地来强制、约束我们的看法显然是错误的。我们不仅仅是被社会化的存在，而且我们还能够通过培育我们内在的"萌芽"和"幼苗"而主动地进行自己的去社会化他人的实践。正是部分地由于这一缘故，孟子坚持认为，"义"并不是我们受训练的结果，而是人类本性的深层结构中所固有的。①

因此，"礼"作为六艺之首，乃是对于形体的严格操练。其目的是使我们在日常生活中转化自己的形体，使之成为自我的一种恰如其分的表现。它包含着诸如洒扫庭除和简短答对这样一些简单活动，②将我们训练成具有熟练履行习俗功能的社会参与者。我们学习合乎礼的立、坐、行和食，以便我们能够和谐地同周围的人一起生活。我们之所以这样做，并非是为了寻求他人的认可，而是为了遵循激励我们成为群体组成部分的准则。尽管我们周围有些人也许只会生硬地使用这种"礼的语言"，但是，由于我们首先要对我们可能或应当成为什么样的人负责，所以，这一切并不会阻碍我们去完善属于我们自己的诸艺。另一方面，如果我们未能达到群体对我们的期望标准，这对于我们来说是个严重的问题，因为我们珍惜群体成员之间的关系，并将这种关系视为我们在道德

① 《孟子》，第 6 卷（上）第 6 章。

② 对某些日常生活的礼的实践的生动描述，可参见王梦鸥：《礼记今注今译》2 卷本（台北：商务印书馆，1970 年），卷 1，页 1—39。

和精神方面自我修养的必要条件。因此，我们竭力仿效那些值得我们敬慕的人，并且"见不贤而内自省"。[1] 儒家的座右铭——"己所不欲，勿施于人"[2]——支持利他主义，是把它作为诚以待己的一种推论看待的。

儒家思想赋予"礼"的启发功能以极高的评价，以至于它把仪礼化看作我们学习成为成熟的人的具体过程。[3] 在儒家的教学中，虽然口头传授是很普通的，但实际上，却更倾向于在充满非口头沟通方式的气氛下传道授业。身教重于言教，"身教"从其字面上看，就是人通过形体的示范行为来实施教育。在儒家看来，用示范来表明人在特定环境中究竟应当做些什么，即模范地履行礼的行为，其教育力量要比用文字表述大得多。《论语》中有不少介绍孔子行为的生动事例。例如《乡党》篇中，不仅详尽地描述孔子如何穿着、如何端坐、如何站立、如何行礼、如何走路以及如何饮食的细节，甚至还特别对孔子在庄重场合的某些极细微的姿态也给予了非常细致的描述：

　　　　执圭，鞠躬如也，如不胜。上如揖，下如授。

---

① 《论语》，第 4 篇第 17 章。

② 《论语》，第 15 篇第 23 章。

③　以这种观点来对礼进行解释，参见杜维明：《作为人性化过程的礼》，载《东西方哲学》总 22 期（1972 年 4 月号），页 187—201。对礼仪的富有启发性的分析，参见艾里克森（Erik H. Erikson）：《玩具与理性：经验的仪礼化步骤》（New York：W. W. Norton & Company, 1977），页 67—113。

> 勃如战色，足躩踏，如有循。享礼，有容色。私觌，
> 愉愉如也。[1]

　　如果说"礼"规范着我们的形体，那么，"乐"（六艺之中的第二项内容）则是期望形体达到和谐，从而以井然有序的形式表现出我们与生活的韵律相一致。在儒家的教育思想中，音乐的重要性是再强调也不会过分的。乐与礼同作为象征文明的方式，也是学习做人的必由之路。既然所有真正的音乐都被视为人心所产生，[2]那么，音乐就能够塑造身体的活动，使之成为内在自我的完美表现。在儒家文献中，不单是宫廷舞蹈家的表演，而且文人的举止也都被认为具有优美韵律。[3]从沉重的石钟敲击到轻柔的鼓瑟，各种乐器所奏出的无数音律，把我们的"七情"纳入恰当的渠道。[4]

　　一个人学习鼓瑟或吟诗，是为了与他人沟通，或许更重要的是为了体验人与自然之间的内在共鸣。我们所听到的美妙音响，绝不是只在我们的感觉中引起瞬逝的印象，而是引起一种经久不衰的德行的意境。[5]音乐作为天地之和谐的体现，使我们与太初的秩序协调一致。乐——和谐完美的乐，

---

① 《论语》，第 10 篇第 5 章。

② 参见《乐记》，王梦鸥：《礼记今注今译》，卷 2，页 489。

③ 参见《乐记》，王梦鸥：《礼记今注今译》，卷 2，页 827。

④ 参见徐复观：《中国艺术精神》，页 1—8。

⑤ 参见徐复观：《中国艺术精神》，页 12—33。

而不是郑国的靡靡之音①——能够使人的身体转化成美的具体表征。正如《论语》所指出的，听过《韶》乐的孔子便沉浸于一种极乐状态之中，居然整整三个月都不知肉味。②

虽然"射"和"御"的艺术难以有类似的宇宙的意蕴，然而其中的生理的锻炼活动却包含着深远的意义。例如，一位标准的弓箭手不仅是箭术高超的神射手，同时也是一位君子。他精通"射"的所有技艺，特别是当他未能射中目标时，他总是"反求诸其身"。③如果《孟子》一书所曾提到的王良的故事具有某种暗示的话，那即是说，在御的技艺中也包含着复杂的自我控制的礼。④"御"这门必修科目，不仅要求增强人的体力，而且也要求养成适当的行为方式的意识。由此类推，由于需要有一定聪慧的心灵才能自如地使用毛笔和算盘，所以，我们也可将书和数设想为修身的手段。⑤

由此可见，"六艺"乃是修身的方式。六艺使身从一种原

---

① 《论语》，第 15 篇第 10 章。

② 《论语》，第 7 篇第 13 章、第 3 篇第 25 章。

③ 《中庸》，第 14 章。

④ 《孟子》，第 3 卷（下）第 1 章。

⑤ 当然，并没有充分的史料来佐证算盘或类似计算器的物件在当时已开始使用。不过，这里提到此种在时代上明显地不大符合的看法，是为表明算术在当时很可能不仅仅被看作一种智力活动，而且还被认为是需要掌握的一门技艺。确实，尽管"算术"这一专门术语是一个后来产生的词汇，但它却很好地表达出儒家所说的"算术"的意义，它可能包含了手指训练的技艺在内。

始的状态转化成群体关系的富有成果的中心。正像粗朴的舜在同善言善行接触之前，^①只具有成为人的可能性的"萌芽"和"幼苗"。作为一个中心，一个人无论何时何地，都不会失去他应有的位置："君子无入而不自得。"^②同时，他对周围的人际网络仍保持高度敏感。通过对话交往，他加深了对自我的认识，并且丰富了与他交流的人的生活："夫仁者，己欲立而立人，己欲达而达人。"^③对于这样的人来说，"六艺"不仅是取得的一些技巧，而且是取得自己"立"与"达"的手段。在孟子的思想中，通过礼、乐、射、御、书、数来转化自己形体的人，同时也为自己（并在自己内心）创造出真和美。孟子作为一位人本思想的倡导者，他足以称得上是善、真、美的楷模。

　　但是，修身的内容比形体的转化要丰富得多。确实，孟子曾明确地说过："形色，天性也；惟圣人然后可以践形。"^④但这里所说的"形"，是象征整个自我。"身"往往是一个含义有限的比喻说法。在这个说法中，自我具有的更加微妙精细的内容往往被有意地淡化了。吊诡的是，圣人之所以能够充分实现他的形体，正是因为他已经转化并超越了他的形体。自我转化和自我超越的可能性问题，将我们引入对心的分析。

---

① 《孟子》，第 4 卷（下）第 1 章，第 7 卷（上）第 15 章。

② 《论语》，第 9 篇第 13 章；《中庸》，第 14 章。

③ 《论语》，第 6 篇第 30 章。

④ 《孟子》，第 7 卷（上）第 38 章。

心

倘若说身是表达一种空间概念，占据某一特定位置，那么，心的一个明显特征就是到处游荡："出入无时，莫知其乡。"[①] 由于身是可见的，我们就能够确立描述它的行为标准。在某种意义上，示范教育便是模仿模式。学生通过模仿老师的手、足和身体去学习恰当的礼、正确的乐、好的书法。局外人观察儒家的学生学习六艺，也许会很容易地认为：学生正在做某种纯粹模仿舞。不过，儒家大师所关注的不仅在于体态的正确，而且还在于对形态背后的精神态度。为师者能够敏锐地觉察出一个机械的仿效者和一个能动的参与者之间的区别，尽管两个人都同样准确地照着老师的指示去做。对于机械的仿效者来说，他总是缺少些什么东西。我们或许可以说，他是心不在焉。为师者怎样才能知道他们的外表相同而实质不同呢？如果学生准确地知道礼的动作该怎样模仿，并且做得又是那样的娴熟，那么，我们怎么能够断定他的心不是每时每刻都放在上面呢？然而，为师者却能以他的洞察力，从这里或那里的某些征兆看出这个学生仍没有足够集中精力完满地执行礼的要求。这似乎意味着：外形本身不足以成为判断某个仿效者的真与美的根据。儒学大师不仅将注意

----

① 《孟子》，第 6 卷（上）第 8 章。

力集中在结果上，而且也关注达成这一结果的全过程。他主
要关心的，是那学生作为一个完整的人在转化过程中的全面
发展。①

在道德教育中，知在行中表现自己，而且也通过行使知
成为真知。很难设想，一个人既然立志希望自己文雅、知礼、
谦卑、尊敬他人，却又没有内在的力量去实现这些德行。在
这里，孟子对"不能"和"不为"的区分具有特殊意义。一
个人不能单独地移动一座大山是可以谅解的，但人们却不能
说一个人没有能力表现出对一位长者的尊重。②既然在意向
问题上不能仅仅依靠行为准则，孔夫子就不会简单地满足于
为学生做出正确的形式示范。老师总是希望能使学生创造出
自己的风格和自己的理解。一个真正精进的学生就应该像颜
回那样，他曾以一种带有神秘性的措辞来表达对孔子教诲的
理解：

> 仰之弥高，钻之弥坚，瞻之在前，忽焉在后。
> 夫子循循然善诱人，博我以文，约我以礼，欲罢不
> 能。既竭吾才，如有所立卓尔。虽欲从之，末由也
> 已。③

----

① 有关这一问题的研究，参见赫尔伯特·芬加雷特：《转化中的自我》
（New York：Harper & Row, 1965），页244—293。

② 《孟子》，第1卷（上）第7章。

③ 《论语》，第9篇第11章。

正如"言"永远不能完全表达"意"所深含的韵味一样，形体也不可能完全表达人心的内在情感。

不管身体如何礼仪化、韵律化、健壮而灵巧，它都不能完全涵盖人心活动的情况，然而，身体毕竟是人心合适的住所。孟子强调指出："学问之道无他，求其放心而已矣。"[①] 正是在这样的意义上，六艺的目的就在于努力"存心"。这即是说，六艺不仅训练人的形体，而且也陶冶人的心灵。人的身体需要经历一个长期渐进的过程才能获得某种适当的形式，但人心的转化却似乎很迅速，因为"心"是无定形的，故曰："求则得之，舍则失之。"[②] 不过，认为只要下一次决心就足以"存心"，是错误的。孟子确实曾反复吁请君主以"不忍人之心"去建立"仁政"，仿佛我们可以借助于自然地"推（广）"君王的不忍人之心，就足以解决暴政的问题。[③] 但是，我们绝不能将指出人类群体所有成员，甚至包括麻木不仁的君主具有相同的基本情感这种策略性的意图，与孟子的心的哲学相混淆。

正如宋国农民揠苗助长的寓言所指出的，人心的修养是一件精细的事情。倘若我们过分地以人为力量去加速植物生长，植物便会很快枯萎。同样的道理，人心的完善也有其自然的过程。在每天的存心工夫中，应做到既"勿忘"又"勿

---

① 《孟子》，第 6 卷（上）第 11 章。

② 《孟子》，第 6 卷（上）第 6 章。

③ 《孟子》，第 1 卷（上）第 7 章。

助"。①而"求则得之"应理解为在无法预料的人生激流中调整方向和维系平衡的掌舵艺术。

尽管心是变幻莫测的，但孟子认为，心的结构通过直接经验是能够认识的。他讲了一个故事，大意是一个技艺高超的棋手，无法指导一位心不在焉的学生。这说明，仅仅具有人性的"萌芽"和"幼苗"，并不能够保证我们就能知心和存心。②"虽有天下易生之物也，一日曝之，十日寒之，未能有生者也。"这就意味着，没有持久细致的培养，已经长出的几根"新芽"也不可能有什么作为。③换一个比喻来说，即将干涸的泉流，不可能使小池溢满水。与此情况不同，在洪水季节，水却可以有非常强大的力量。这既是质量，但也是数量的问题。因此，孟子提出了一个有关人心结构的独到见解：如果得到培养，心事实上就能够得到无限发展。这就是为什么在孟子看来，心为"大体"，身体只是"小体"。④因此，所谓知心和存心，便是牢牢抓住一个能动的和不断拓展的结构。与人的形体成熟不一样，人心的成长是无限的。在自暴自弃者与圣人之间，人性表现出或多或少的幅度，其差别是非常广阔的。这说明，不是在人的身方面，而是在心方面会出现真正的差异。这正如我们吃饭为的是滋养整个身体，

---

① 《孟子》，第 2 卷（上）第 2 章。

② 《孟子》，第 6 卷（上）第 9 章。

③ 《孟子》，第 6 卷（上）第 9 章。

④ 《孟子》，第 6 卷（上）第 14、15 章。

而不仅仅是喂饱肚子这一小块。孟子认为，修身就是让"大体"，而不只是"小体"得到发展。①

孟子以为，"寡欲"是养心的最好方法。②当然，他所提倡的并不是一种禁欲主义，而是指一种先后轻重的道理。孟子完全承认诸如食、性这类本能欲望的重要性。不过，他坚持认为，人要充分实现自身，需要有一种整体的理念，其他同样迫切的倾向——仁、义、礼、智等，也应该得到满足。尽管就"生而有之"而言，我们与其他动物所共有的本能欲望决定了我们是什么，但我们本性中所固有的道德倾向，则使我们成为独特的人。③由此可以引出两个相互联系的思想：（1）人之为人的独特性，在于它是一个道德的和精神的问题，而这一问题如果化约为生物学和社会学上的考虑，是不可能得到恰当回答的；（2）自我完善或养心的过程，绝对不是去寻求一种纯粹的道德性和精神性，它必须包括人类生活的生物的和社会的种种现实。这样，倘若只是一味地满足本能欲望，我们就永远不能实现人心的潜在力量。但是，如果我们养其"大体"，我们的小体也将得到充分发展：

君子所性，仁义礼智根于心，其生色也睟然，

---

① 《孟子》，第 6 卷（上）第 14 章。

② 《孟子》，第 7 卷（下）第 35 章。

③ 《孟子》，第 6 卷（上）第 3 章。

见于面，盎于背，施于四体，四体不言而喻。[①]

圣人，以"仁"为安宅，而行"义"之正路。[②] 孟子认为，我们可以通过对我心所固有的人类基本情感的"四端"进行将心比心的反思，来理解圣人的伟大。这四端就是：恻隐之心、羞恶之心、辞让之心和是非之心。这些情感所萌发的力量，为我们提供了一种智的直觉，使我们可以洞悉圣贤以及我们自己心中的真与美。[③] 由此可见，我们必须将身的语言上升为心的语言，用以解释道德典范在人类群体中的教育功能："夫君子所过者化，所存者神，上下与天地同流。"[④]

这种"上下与天地同流"的思想开辟了一个新的领域，给心增添了超越的视角。很显然，孟子所讨论的心既是一种认知的能力，也是一种情感的能力；它既象征着意识的功能，又象征着良心的功能。它不仅对现实进行反思，而且在理解现实的过程中，塑造和创造了这些现实对整个人类群体所具有的意义。所以说，实现其"大体"的人称得上"充实而有光辉之谓大"。但是，孟子同时坚持认为："大人者，不失其赤子之心者也。"[⑤] 因为"大体"归根结底，乃人类的本性。

---

① 《孟子》，第 7 卷（上）第 21 章。
② 《孟子》，第 6 卷（上）第 11 章。
③ 《孟子》，第 6 卷（上）第 6 章。
④ 《孟子》，第 7 卷（上）第 13 章。
⑤ 《孟子》，第 4 卷（下）第 12 章。

大人一方面像神灵一般"上下与天地同流"，但同时他所彰显的只不过是真正的人性。这种双重含义的论断，使一些汉学家把它称为孟子思想中的神秘主义。

神

我们也许还记得，孟子说过："大而化之之谓圣，圣而不可知之之谓神。"因此，"圣"与"神"如同善、信、美一样，都象征着人的完美。它们都是我们在实现自身时所应不断身体力行的激励人心的鹄的。在孟子看来，它们不是作为判断人的价值的客观尺度，而是人能够达到，或者说应该努力达到的审美评价的范型。既然圣人与我同类，那我们就应当称赞颜回的勇气："舜，何人也？予，何人也？有为者亦若是。"①确实，并非只有伟大人物才具有光芒四射的充足的资质，因为我们也具有同样的内在源泉：

> 万物皆备于我矣。反身而诚，乐莫大焉。强恕
> 而行，求仁莫近焉。②

与其说是一种天真的道德乐观主义，毋宁说是对于人的

---

① 《孟子》，第 3 卷（上）第 1 章。
② 《孟子》，第 7 卷（上）第 4 章。

生存状况的深刻洞察，促使孟子如此表述他的哲学人类学的见解。在他看来，人"生于忧患而死于安乐"。① 我们只有在犯了错误之后，才学会改正错误："人恒过，然后能改；困于心，衡于虑，而后作；征于色，发于声，而后喻。"② 我们努力去学会认识自己，学会与他人共同相处，并且为了实现仁而承担责任。孟子对许多古代圣贤在成为精神楷模之前所经受的严峻考验是这样表述的：

> 故天将降大任于是人也，必先苦其心志，劳其筋骨，饿其体肤，空乏其身，行拂乱其所为，所以动心忍性，曾益其所不能。③

除了天命之外，孟子还充分地肯定了社会环境和心理环境在人成长过程中所起的重要作用。然而，孟子对道德和精神的自我发展之可能性的确信，使他对这件事采取乐观态度：

> 尽其心者，知其性也；知其性，则知天矣。存其心，养其性，所以事天也。天寿不贰，修身以俟之，所以立命也。④

----

① 《孟子》，第 6 卷（下）第 15 章。
② 《孟子》，第 6 卷（下）第 15 章。
③ 《孟子》，第 6 卷（下）第 15 章。
④ 《孟子》，第 7 卷（上）第 1 章。

这即是说，君子为了能使自己从内心见"道"，便将自己全部沉浸于对道的追求之中。"自得之，则居之安；居之安，则资之深；资之深，则取之左右逢其原，故君子欲其自得之也。"① 过去没有足够的水去注满一个小水池的泉源，而今却是水量充足，"原泉混混，不舍昼夜，盈科而后进，放乎四海"。②

孟子继续用水来类比，他认为，修身的目的就是培养人的"浩然之气"。一旦到达这个水平，培养浩然之气的目的就不仅仅在于发展形体或正确的心态，其目的在于滋养人的内在资源，增强意志的力量，逐步提高人的精神能量。对"气"这个字，现代人有不同的翻译，如"物质的力量"（陈荣捷语），"物质/能量"（H. H. 杜布斯语），"有生命力的精神"（牟复礼语）。实际上，它指的是一种与呼吸和血液循环相联系的心理—生理的力量。但在孟子的论述中，气被界定为一种通过道德和精神的自我修养而产生的"至大至刚"的活动力。③

孟子关于浩然之气的论述，是为了回答公孙丑关于怎样才能达到"不动心"状态的提问而引发的。孟子开宗明义地指出："夫志，气之帅也；气，体之充也。"对这句话的一般

---

① 《孟子》，第 4 卷（下）第 14 章。
② 《孟子》，第 4 卷（下）第 18 章。
③ 参见陈荣捷：《中国哲学资料选集》，页 784。另见牟复礼：《中国的文化基础》，页 60。

理解是，气直接服从于意志，因此，"持其志，无暴其气"便是很重要的。不过，也可以想象，当气受阻时，它也影响志。甚至尽管气随志之所至，养气对于完善人心仍然是不可少的。那么，这种浩然之气究竟是什么呢？

> 难言也。其为气也，至大至刚，以直养而无害，则塞于天地之间。其为气也，配义与道；无是，馁也。是集义所生者，非义袭而取之也。行有不慊于心，则馁矣……必有事焉而勿正，心勿忘，勿助长也。①

正如我们所见，就在这简短的表述中，孟子认定，在人的身、心的结构中，存在着将自我发展为与天地合一的潜能和巨大的可能性。如此理解的人性不是一种无法实现的理想，而是一种进行道德和精神转化的无穷无尽的动力。用《中庸》提供的形象：人既"可以赞天地之化育，则可以与天地参矣"。②

上述这种自我完善的取向，有没有为中国艺术确立一个深厚的人文主义的基础呢？由于无论是孟子还是庄子，他们的主要兴趣都不在美学上，因而，我们必须借助于诠释的重

---

① 《孟子》，第2卷（上）第2章。
② 《中庸》，第22章。

建去发现隐含在他们的丰富思想中的艺术理论。徐复观先生
通过对《庄子》文本语境的重建成功地发现,《庄子》一书中
确实具有丰富的美学见解。徐先生的这一成功努力, 激发我
去发现存在于诸如《孟子》这样的著作里有关人的自我形象
的表述之中的真和美。这一努力最终也许会拓宽美学研究的
视野。不过, 我的目的并不在于探究与道家美学所不同的,
或是作为道家美学之补充的儒家美学存在的可能性。确切地
说, 我的目的是想尽量开发这两种传统学说所共有的象征符
号资源。把徐先生的分析推进一步, 我认为, 把修身作为一
种思维模式, 比起人们试图系统地将传统分疏为道家和儒家
来说, 也许出现得更早些。作为中国先秦思想史上最有意义
的事件之一, 就是孟子创造性地总结了前人的某些灼见, 并
发展成为他的关于人的完整思想。

我们可以很容易地看到, 采用孟子对人道的定义会如何
影响美学概念的。由于将身体和“渗透于人的形体中的感知
能力”[1] 作为理解美的观念的基本参照点, 因而, 把美的规范
客观化为静态范畴的任何企图都无法占据主流。美, 就像人
不断成长中出现的善与真的品质一样, 是作为一种激励人心
的鹄的而存在的。“充实之谓美”, 当美塑造着我们的充实感
时, 不是作为一种固定的原则, 而是作为正在体验着生命的

---

[1]　H. 史密斯 :《被遗忘的真理 : 原始的传统》(New York : Harper &
Row, 1976), 页 63。

自我，和所感知的对象之间的互动作用从而陶冶人的情趣。我们在事物中看到了美，可是在描述美的过程中，我们的注意力从外在形体转向内在的生命力，最后达到无所不包的精神境界。我们欣赏的对象可能是一棵树、一条河流、一座大山或一块石头，但是，我们感受到它们的美，使我们觉得它们并不是毫无生气的对象，而是一次和我们的活生生的相遇，或者说是一种"神会"。这不仅仅是一种拟人化的表述，因为，如果把这种相遇看作把人的品格强加于外在世界，显然就限制并歪曲了作为审美体验之基础的对话关系。《孟子》关于人的思想并不是一种人类中心论，它不赞同普罗塔哥拉所谓人是万物之尺度的原理。相反，就其最终极的意义而言，它旨在表明人的自我实现取决于人与自然的互相呼应。正如徐复观先生所指出的，儒家思想的一个基本假定是：欲"成己"必须"成物"，而非"宰物"。[①]

也许正是这个原因，听觉的感知在先秦儒学中占重要地位。正如我在另外一个场合所指出的那样，如果我们将眼光盯着外部世界，[②] 那么，儒家之道是不可得见的；如果仅仅依靠视觉形象化这种对象化活动，是不能把握宇宙大化的微妙表现的。诚然，像舜这样的圣王，能够通过对自然之微妙征兆的探索来洞察宇宙活动的初几。[③] 但是，我们却是通过听的

① 徐复观：《中国艺术精神》，页132—133。

② 杜维明：《儒家的成人观》，*Daedalus*，105：2（1976年4月），页110。

③ 《孟子》，第4卷（下）第19章。

艺术，才学会参与天地万物之节律的。"耳德"或"听德"①
使我们能够以不是咄咄逼人的，而是欣赏的、相互赞许的方
式去领悟自然的过程。这就是说，我们通过对听进行精神及
生理的训练，将自己开放给我们置身于其中的世界；通过拓
展和深化我们的非判断性的接受能力，而不是将我们有限的
视野投射到事物秩序上，我们才能成为宇宙的共同创造者。

从上面的论述可以看出，孟子选择音乐作为隐喻来讨论
孔子之圣，似乎是有意用听觉形象去表现孔夫子的生命形态：

> 伯夷，圣之清者也；伊尹，圣之任者也；柳下
> 惠，圣之和者也；孔子，圣之时者也。孔子之谓集
> 大成。集大成也者，金声而玉振之也。金声也者，
> 始条理也；玉振之也者，终条理也……②

"金声"与"玉振"，是表现开始和终止一套礼仪表演的
合适音乐。按照表演的最高标准，既要求有完成全程之"力"，
又要求有中节之"巧"。同时具备两者，才能给予整个表演以

---

① 应当指出，这样两个术语并未出现在《孟子》一书中。它们是从新
近被发现的马王堆汉墓中出土的、被称为"失传的儒家经典"中发现的。当
然，一项不久前的研究成果表明，"失传的儒家经典"对有关孟子的传统看
法也许具有非常重要的意义。参见杜维明：《"黄老思想"：马王堆汉墓的黄
老帛书读后》，《亚洲研究杂志》第34辑第1号（1979年11月），页96。

② 《孟子》，第5卷（下）第1章。

一种"条理"。因此，孟子进一步指出：

> 始条理者，智之事也；终条理者，圣之事也。
> 智，譬则巧也；圣，譬则力也。由射于百步之外也，
> 其至，尔力也；其中，非尔力也。[①]

回到前面的比喻，"孔子，圣之时者"，这个"时"超过了"清""任""和"，恰恰是因为"时"象征一种伟大的协奏曲，是"集大成者"。如果说一个恰当弹奏出的音符都可以启迪心灵——"故闻伯夷之风者，顽夫廉，懦夫有立志"，或"闻柳下惠之风者，鄙夫宽，薄夫敦"。[②]——那么，一首伟大的协奏曲又将会给予我们多大的启迪呢？

持这种观点的人们会强调内心的共鸣，从而把类比的思维和抒情模式看作是美学沟通的最高形式。他们有意识地贬低辩证的艺术，而在理解中寻求美。这就是说，两颗共鸣的心灵发出的微笑，或是两个彼此响应的精神气质的相遇，对呆滞的眼睛或迟钝的耳朵是无法说清楚的。美的语言不仅仅是纯粹的描述，美的语言是暗示、指引、启迪。并不是语言本身是美的，文字仅仅是传递和表达"意"的（"辞，达而已矣"），[③] 故而不必故作雄辩或精雕细琢。但是，语言所指

---

① 《孟子》，第 5 卷（下）第 1 章。
② 《孟子》，第 5 卷（下）第 1 章。
③ 《论语》，第 15 篇第 40 章。

涉的语言外的东西——内在的体会、心灵的欢乐或转化的精
神——无论在美的创造或欣赏中，都是美的真正基础。

七　自我与他者：儒家思想中的父子关系

在这篇文章中，我们将探讨儒家传统的自我观念。这个传统作为一种思维方式和生活方式，至今仍为东亚社会的人们提供修养标准。我完全意识到，应当将这一探讨置于复杂的历史背景和同样复杂的现代思想论说中来进行。我也知道，由于儒家学说已经历了两千余年的变迁，我们将无法就儒家对一些永恒的问题（例如自我观念）的看法作出笼统的概括。尽管我们在表述儒家独特的自我观念时会遇到一些繁难，但我仍将试图证明，儒家特有的自我观念必然要求他人的参与，而且自我和他人的这种共生之所以是有益而必需的，其原因就在于，儒家的自我是一个精神发展的动态过程。

我曾有另文将儒家在伦理宗教意义上对成圣的追求，界定为"作为一种群体行为的自我的终极转换"。① 这个界说包

① 杜维明：《作为群体行为的终极自我转化：论传统中国之自我修养模式》，《中国哲学杂志》1979 年第 6 期，页 237—246。

含着两个相互关联的假设：（1）作为人际关系之中心的自我；
（2）作为精神发展之动态过程的自我。由于前者已经由文化
人类学家、社会心理学家以及政治学家，对诸如古代和当代
中国的家庭、社会化以及权威模式等课题都作了比较充分的
研究，① 因此，在这里我们将集中考察儒家思想中作为发展过
程的自我观念。

　　为了使儒家的一套设想和各种各样心理学技术（如超验
打坐、整体性愈治、再生过程、动态生活等在整个北美普遍
流行的技术，这些技术也宣称是以自我发展为基本假设的）
区别开来，我们有必要指出，儒家的自我作为一种发展过程，
是对永无止境的学习过程作出毕生承诺。不仅如此，儒家所
谓的学习，不仅是指书本的学习，而且还包括礼的实践。在
儒家看来，通过身心的修炼，人将领悟到生命的意义；并且
在这种修炼中，人不是作为孤立的个体，而是作为活生生的
群体——家庭、乡里、国家和世界——的积极参与者而出现

----

　　①　这些方面的代表著作，参见艾米里·M.阿尔恩：《中国人的礼仪和
政治》（Cambridge：Cambridge University Press, 1981）；许烺光：《美国人
和中国人：在世界文明中的作用和成就》（Garden City, N. Y.：Doubleday
Natural History Press, 1970），《祖荫下：传统中国的亲属关系、人格和社
会流动》（Stanford：Stanford University Press, 1971）；白鲁恂：《中国政
治的精髓：一个政治发展进程中的权威危机的心理文化研究》（Cambridge,
Mass.：M. I. T. Press, 1968）；阿瑟·沃尔夫：《中国社会中的宗教》（Stan-
ford：Stanford University Press, 1974）；A. P. 沃尔夫等编：《中国社会中的学
生》（Stanford：Stanford University Press, 1978）。

的。"仪礼化"这个概念，它意味着以孝、悌、友、师、忠的精神进行自我修养的动态过程，确切地抓住了上述儒家的基本意旨。[①]

儒家"仪礼化"思想的鲜明特点，就是在个人的修身中不断深化和拓展他人存在的意识。作为人际关系中心的自我之所以是一个开放系统，这或许是唯一的最重要的原因。儒家认为，只有通过自我对他人的不断开放，自我才能保持健康的人格认同。一个对其周围的人没有感觉和反应的人，往往是以自我为中心的；自我中心很容易导致自我的封闭，从而使自我陷入——用宋明理学的话说——麻木不仁的状态[②]。因此，如同人的生命离不开空气和水一样，以开放精神与他人相交往不仅合乎社会的需要，而且对自我的健康发展也是非常有益的。《论语》曰："己欲立而立人，己欲达而达人。"[③]这是告诫我们，帮助他人"立"和"达"是自己"立"和"达"引申出的一个原则。严格地说来，在自我修养中把他人卷进来，这不仅是利他主义的，而且是自我发展所必需的。

人们通常认为，儒家思想由于强调社会关系的重要性而削弱了个体独立自主的基础。持这种观点的人认为，如果从

①　杜维明：《作为人性化过程的礼》，《东西方哲学》1972 年 4 月号，页 187—201。"仪礼化"在精神分析学中的意义，参见艾里克森：《玩具与理性：经验的仪礼化步骤》，页 67—113。

②　陈荣捷：《中国哲学资料选集》，页 530。

③　《论语》，第 6 篇第 30 章。

儒家的自我抽去人际关系，那么，它本身就没有多少属于自己的有意义的内容。既然儒家文献中的自我一般都是从二分体的关系（指诸如父子、夫妻、兄弟、师生等成双关系）上来理解的，因此，一个具有儿子、兄弟、丈夫及父亲等多重身份的男人的自我意识，必然会压倒他作为独立自主的个人意识。如果我们沿着这一思路走下去，就会发现儒家所说的男子，主要是被视为一个社会人，他的基本使命是学习一套如何适应世界的科学和技巧。[①] 如果认为这就是他人的存在对于儒家的修身具有重要意义的理由，那么，儒家伦理便很难同这样一个通常看法区别开来，即人不可避免地被束缚于群体之中。

　　毋庸置疑，儒家传统无论是在其形成的年代还是在其日后的发展中，都把社会性放在十分重要的地位。儒家思想的一个显著特点，就是十分关心社会伦理。但是，在强调儒家思想的这一特殊层面的意义时，不应得出社会伦理在儒家的思维模式中是涵盖一切的结论。事实上，如果我们全面理解儒家的思想，就会发现社会层面一方面植根于可称之为儒家深层的心理学中；另一方面，它也必须扩展到儒家的宗教性领域，才能充分显现出它的全部意义。换言之，倘若我们决定采用近代世俗大学中各种学科的术语去表达儒家所谓做人

---

　　① 　马克斯·韦伯：《中国的宗教：儒教与道教》，汉斯·H.格思英译本（Glencoe, Ill.:Free Press, 1951），页 235。

的思想特征的话，那么，认识到下面一点是至关重要的，即仅以"适应社会"这类概念，实在很难对它的内容予以全面说明，因此还必须引入诸如人格整合、自我实现、终极关怀等概念才能解决问题。本文原意探求如何诠释儒家学说的艺术和方法，这里只想指出，儒家对社会性的强调蕴涵着内容丰富的多义性。如果我们不过早地把未清理的线头绳尾结扎起来，匆匆作出结论，我们就会发现，儒家的社会性包含着深刻的心理的和宗教的内容。[①]

现在让我们回到前面的问题上来：在儒家修身构想中，他人的意义究竟是什么？既然仅仅地指出儒家对伦理的态度是社会学的已不再令人满意，我们就必须另辟蹊径。首先，让我们详尽考察一下修身中的父子关系。传统的观点认为，既然"孝"是儒家的基本价值之一，父子关系的显著特征就是儿子对于父亲权威的绝对服从。根据这种观点，儿子为了修身，就必须学会抑制自己的欲望，揣测父亲的愿望，将父亲的训诫当作神圣不可违抗的法令。因此，儿子对于父亲的服从便是他全力使他的"超自我"内在化，直到他的良心自动使他完全按父亲的愿望行事为止。于是，儿子对父亲的潜在进攻意识——更不用说对父亲的憎恨——在行为、信念及态度上，都被完全压抑住了。因此，可以理解，儒家的"儿

---

① H. Smith：《传统中国中的超越》，《宗教研究》1967 年第 2 期，页185—196。

子"，由于被"父亲"的权威所慑服，往往呈现出懦弱、顺从、依附和优柔寡断的形象。

然而，即便我们承认这种对父子关系的片面解释，儿子的屈从也势必引发他的种种内在资源，展开极为复杂的过程。在这个过程中，他不仅需要适应外界取得和谐，而且还要进行内在心灵的调整。例如，构成整个过程之基础的，是儿子的自愿参与，他由于受到经由群体支持和政治当局认可的长期不断的教育，已经被社会化了。借用弗洛伊德的说法，我们可以想象，要想转化，或者确切地说，净化儿子的恋母情结，该需要多么复杂的心理机制。人们的通常印象是，浸透了儒家思想的中国社会，可以把父亲的绝对权威强加给一代又一代恭敬顺从的儿子。这种印象是以一个错误假设为前提的，这就是既然儿子几乎没有选择的余地，因此，在孝这件事上，儿子就没有表现其自身意愿的任何可能。然而，人们有理由怀疑这种控制，即使在其最有效的阶段，是否能够在得到实现的同时不至于把所谓的孝子通通变为伪君子和精神变态者。如果一个社会要求其中的很大一部分人口只是服从老人政治的教条统治，却又不诉诸任何超越性的权威，这个社会难道还能存在下去，且不说提供个人成长的健康环境了？

进一步说，儿子对父亲的恭顺并不限于此世。例如，在《论语》中，儿子如果是孝子，则在父亲死后三年仍然会自觉遵从父亲的意志，即所谓"三年无改于父之道"。① 但是这一切只是终其一生不断重复履行的纪念礼仪的开始。在这种礼仪中，通过想象的艺术，父亲的存在会在他的终生变得栩栩如生。《礼记》详细描述了孝子举哀时的心理状态：

> 致斋于内，散斋于外。斋之时，思其居处，思其笑语，思其志意，思其所乐，思其所嗜。斋三日乃见其所谓斋者。祭之日，入室，僾然必有见乎其位；周还出户，肃然必有闻乎其容声；出户而听，忾然必有闻乎其叹息之声……②

这正如冯友兰所引："'以其恍惚，以与神明交'，而冀其'庶或飨之'，无非以使'志意思慕之情'得慰安而已。"③

由此可见，儿子对于父亲的承诺乃是一种终身而且还是全面的承诺。既然父亲或至少父亲的形象永远存在，那么，儿子使用什么样的方法才能所谓象征性地"杀死"父亲，使他可以最终宣告自己的独立呢？一般情况下人们会认为，当儿子开始从生活上照顾年迈的父亲时，他就会因自己成了一个给予者和施舍者从而得到心理补偿与自慰。可是，赡养父

---

① 《论语》，第 1 篇第 11 章。

② 冯友兰：《中国哲学史》（商务印书馆旧版，中华书局 1947 年重印），上册，页 425。

③ 冯友兰：《中国哲学史》，上册，页 426。

亲的能力，在《礼记》中是孝道三个层次中的最低层次，其
他的两个层次分别是：尊崇父亲和不给父亲带来耻辱（"大孝
尊亲，其次弗辱"）。① 总之，儿子不仅应当学会服从和尊敬
父亲本人，而且父亲的所谓"自我理想"也必须由他去实现。
正是在这个意义上，冯友兰解释说：

> 孝之在精神方面者，在吾人之亲存时，须顺其
> 志意，不独养其口体，且养其志（《孟子·离娄上》），
> 有过并规劝之，使归于正。在吾人之亲殁后，一方
> 面为致祭祀而思慕之，使吾人之亲，在吾人之思慕
> 记忆中得不朽。②

对孝的这种具有规范性的看法，似乎与著名的儒家下述
格言相悖：天下无不是的父母。在顺从的儿子眼里，如果这
一格言所表达的意思，仅仅是父亲不可能犯错误的话，那么，
它显然就同"规劝之"及"使归于正"的思想相矛盾。但是，
既然儒家确认凡人都会犯错误——这是儒家相信人是可以完
善的必然推论，③ 所以，儒家当然可以接受父亲有时确实也会

---

① 冯友兰：《中国哲学史》，上册，页 435。

② 冯友兰：《中国哲学史》，上册，页 434。

③ 唐纳德·J. 蒙罗（Donald J. Munro）：《早期中国"人"的观念》
(Stanford: Stanford University Press, 1969)，页 49—83。另参见他的《当代中国
"人"的观念》（Ann Arbor：University of Michigan Press, 1977），页 15—25。

犯错误这一事实。因此，"有过之父母"应当理解为不合格的父母，即他们不符合我们对做父母者的期望。儒家肯定承认有不合格的父母，日常的观察和法律的裁决都证实，传统中国确实具有相当数量的由不合格父母导致的人间悲剧。儒家对于存在着不合格父母的明显事实也绝不是视而不见。然而，问题在于如果一个人的父亲缺乏为父的品质，不像个父亲，他该怎么办？谴责不合格的父亲并不困难，但我在什么时候能说并且怎么能说，我自己的父亲对我来说是不合格的呢？如果说，不管是否合格，我的父亲总归是我的父亲，那么，我对于这样一种价值观念予以认同到底又意味着什么呢？

儒家对于这个问题的看法值得我们注意，因为如果把"现实原则"应用于父子关系，则不仅提出了"超自我"的问题，而且还发人深省地提出了自我理想的问题。尤其值得注意的是，儒家所提出的基本假设，即社会中的二分体关系不是固定不变的实体，而是动态的相互作用过程，包含着丰富多彩和不断变化的人际关系网络，而这些网络又总是通过他人有意义的参与交织而成的。采用所谓"消解冲突"的理论或类似水压力机制的"蓄"或"泄"的方法来分析研究上述问题，只能触及父子这个二分体关系的皮毛。因为这种分析无法探明其中深层的意义结构，更不用说那种维系这一结构的精神价值了。

儒家的取向是以父子关系具有绝对约束力为出发点的。在儒家看来，父子关系中的儿子与君臣关系中的大臣不同。

大臣出于对义的至上关切，可能不得不提出公开批评，甚至作为公开抗议宣布自己退出君臣关系，可是儿子在任何情况下都不应当割断他同父亲的联系。因此，一个人不可能选择自己的父亲这样一个普通的常识，在这里却被认定为一种核心价值。"天下无不是的父母"这句儒家格言清楚地表明，既然我们的血肉之躯来自父母，既然我们的存在本身不可避免地同父母关系联结在一起，我们就必须承认，父母在我们生活的每一个方面都表现其存在。例如，我们的身体并不是单纯地为我们自己所拥有，而是父母赋予我们的神圣礼物，因此，它充满了深刻的伦理宗教意义：

> 身也者，父母之遗体也。行父母之遗体，敢不敬乎！居处不庄，非孝也。事君不忠，非孝也。莅官不敬，非孝也。朋友不信，非孝也。战陈不勇，非孝也。五者不遂，灾及于亲，敢不敬乎！[1]

这种被如此广义地理解为一切美德之源的孝，也许是儒家伦理被政治化的结果。[2] 但是，传宗接代之所以必要，是因

---

[1]　冯友兰：《中国哲学史》，上册，页435—436。

[2]　徐复观：《中国孝道思想的形成、演变及其在历史中的诸问题》，收入他的《中国思想史论集》（台中：东海大学出版社，1968年），页155—200。虽然徐教授后来对他的历史观作了重大修正，但他的下述论断仍然是有效的，即作为一切美德之源泉的广义的孝道概念，可能是儒家伦理政治化的结果。

为它不仅具有社会的和政治的意义，同时也具有精神上的意义。这种思想则绝对是儒家的原创性灼见。

　　这一灼见的重要特色就在于，它承认父亲的"自我理想"。他对自己的希望，以及他为家庭所创造的供人效法的标准，是儿子所继承的遗产中不可缺少的一部分。传宗接代的思想不应当从字面上理解为生物学意义上的血缘延续，连续数代没有中断的家系显然是值得庆贺的，更不用说家族兴旺、子孙满堂、人才辈出的幸福结果了。但是，儒家认为，真正衡量一个成功的父亲的标准则是学术成就、文化成果和家庭生活的品质。提高父亲声誉，需要一系列超出世系延续这一珍贵价值之外的种种条件。孟子也许被误解成赞同这样的简单观点，即生育男性后代是孝子的最重要的义务（"不孝有三，无后为大"）。[①] 在父系宗法社会中，儿子的出生可能被认为是延续家庭血统的最起码的要求，但是，父亲精神遗产的传承无疑是一个相当复杂的通过象征资源进行的互动过程。

　　传说的圣王舜的艰难处境就是如此。[②] 舜是东方未开化地区的一个蒙昧人的儿子，他依循圣王尧的示范教诲，通过自我发展成了一个履行孝道的典型。他是在众寡悬殊的情况下做到这点的。例如，他父亲勾结其继母和他的同父异母兄弟千方百计地谋害他，但由于神灵的庇护，或用儒家的话说，

---

　　① 《孟子》，第 4 卷（上）第 26 章、第 4 卷（下）第 30 章。

　　② 《孟子》，第 5 卷（上）第 2 章。

是由于他能诚于天，所以躲过了每一次灾难的威胁而未受伤害。尽管这样，他对那不合格的父亲的孝却从未失去。正是因为他所表现出来的这种感人至深的美德，且不提他的内在力量和个人尊严，他才作为典范，被尧授予统治中国的王位。对我们当前的讨论说来，指出这一点是有启迪意义的。即在这个传说中，舜并非仅仅表现为顺服的儿子。因为，如果舜盲目顺从父亲的残暴，那他就会有生命的危险，并且，还反过来会使他父亲更加卑劣可耻。正是在这个意义上，《孔子家语》才认为，孝子只应忍受愤怒的父亲的轻微体罚。[①] 因为，逃避严酷的拷打不仅仅是保护父母给予他的身体，而且也是为了尊重父亲身上所具有的为父之道，尽管这父道由于父亲的愤怒而可能暂时变得隐晦了。

确实，舜要摆脱他所面临的两难窘境，要比逃避拷打困难得多。几乎没有任何迹象表明，这个残暴的老家伙有什么爱心。舜的策略就是根据自己的道德见识，尽可能采取在那种情况下最道德的行动。例如，关于他的婚姻大事，舜决定不告诉父亲。孟子在为这一表面上不孝行为辩护时提示他的学生，容忍父亲干预将会导致更加严重的后果。[②] 在孟子看来，舜是依据一种人格理想行事的。这种理想超越了一切文明行为的通则，对人类群体任何特殊行为规则提供了终极依

---

① 《孔子家语》(台北：中华书局，1968年)，第4卷第5—6章。

② 《孟子》，第5卷（上）第2章。

据。舜被视为孝道的典范，因为即使他并不顺服，并且根据传统观念甚至可能被认为是违抗父命，但他的行为则表现出他对父亲的自我理想所企望的那些东西的关切和尊重。在这个意义上，舜从未对父亲的权威提出挑战，他也没有无视他的权威；他只是谨慎地矫正了并从而恢复了这种权威。在舜的道德意识中，现实的父亲和理想的父亲的不断出现，使他能够经常与这位重要的他者展开象征符号的互动，并以此来发展自己的内在力量。由此可见，舜不可能单独地实现他的孝爱。据此，他不仅要感激他的父亲，而且还要感激他的继母和同父异母兄弟。

如果认为孝是儿子对父亲的一种自发的爱和关心的自然流露，那么舜的传说可被看成是证明这种认识的最困难的例子。儒家对此的诠释则强调了即使处于最恶劣的二分体的关系中，也有自我实现的可能性。上述事例的启示是显而易见的：我们都应当受到舜的榜样的激励，从而使自己能够适应于极端难处的关系，使自己在追求道德理想的过程中与这种关系协调，并用它来创造性地转化自己和周围的人们。这就是说，舜的传说给我们以双重启示：父子关系是无法摆脱的，并且它为自我实现提供了取之不竭的符号资源。这种启示同时还隐含着儒家的一个典型悖论：父子关系意味着一种强制、限制和束缚；然而，通过这种强制、限制和束缚的力量，它同时又为父亲和儿子的修身提供了必需手段。这种表面看来似乎是把超自我任意强加给个体的做法，根源于一种对人类

生存状况的看法。依此看法，在人类生存状况中，父子关系
意味着超出一般心理—社会的动力机制，并包含这种机制的
一种"超越"。舜的行为清楚地表明，儿子诉诸父亲的自我理
想确实有可能实现，而这种诉求又反过来告诉自己的良心，
什么才是最好的行动方针。

在《基督教和儒教中的父与子》这篇发人深思的论文中，
贝拉通过论述一个坚定不移的净臣所表现的"真正英雄式的
忠诚"，证明孝在政治抗议中的最高价值，并指出它标示了
"伟大文明之所以有力量和能绵延不断的根源"。①然而，他
也注意到：

> 在对政治权威和家庭权威的态度中，儒家的符
> 号体系似乎并没有提供任何支点，足以为不顺从父
> 母提供理据。但这并不意味着父母不能被批评，因
> 为当他们不符合其祖先的遗训时，儿子确实有规劝
> 的积极义务，但对父母还是不能不顺从的。②

这种看法使他得出这样的结论：

> 儒家对父子关系的提法排斥了除顺从之外任何

---

① 贝拉：《超越信仰：后传统世界的宗教研究》，页95。
② 贝拉：《超越信仰：后传统世界的宗教研究》，页94。

由恋母情结带来的任何产物。而这种顺从，归根结底不是对一个人，而是对具有终极有效性的人际关系模式的顺从。但这种产物由于缺乏一种超越性忠诚的支点，因此不能像基督教那样为创造性的社会变革提供合法性。在西方，从摩西启示时代起，社会关系的任何特殊模式原则上就没有终极性。而在中国，孝和忠成了绝对原则；在西方，归根结底只有上帝是终极的主宰力量，但在中国，父亲继续统治着。①

倘若我们同意贝拉颇有见地的观点，儒家的导向显然无法说明恋母情结的多层含义：即儿子在与父亲的关系中会产生爱和惧、尊敬和内疚、顺从和反抗的情操与心态。然而，这里所谓"无法说明"的原因却相当微妙复杂。就像贝拉在他的文章的开头所说的那样："在中国人的宗教符号体系中，家庭形象根本没有形成中心。虽然不存在比儒家更强调父子关系的文化，但它却没有反映在终极的宗教符号体系中。"②这种社会结构和宗教符号体系之间的明显不对称，可以作为考察儒家思想中的父子关系的重要参照点。在这里，同样把贝拉的文章作为出发点也是有益的。在"简要论述"了基督

---

① 贝拉：《超越信仰：后传统世界的宗教研究》，页 95。
② 贝拉：《超越信仰：后传统世界的宗教研究》，页 78。

教信仰和礼仪中有关父子关系说法的某些含义之后，贝拉告诫我们不要只从字面上去死板理解弗洛伊德的观点：

> 不过，显而易见的是，基督教的符号体系不能用恋母情结去解释。如果基督教的符号体系仅仅是恋母情结的直接投射，那么由恋母情结的普遍性就可以推导出基督教符号体系的普遍性。但是，这显然是违背事实的。基督教的符号体系实际上是非常独特的，它产生于特定的历史背景，担负着特定的历史角色，这似乎是弗洛伊德自己都承认的事实。基督教符号体系的特有的品质，首先来源于基督教的上帝概念，它的整个符号结构就是围绕上帝概念建立起来的。①

看来，如果把基督教符号体系作为理解恋母情结的背景，并作为父子关系的一种独特看法的表现，而不是把它作为恋母情结的直接投射，则弗洛伊德所设想的恋母情结的解释能力可能会大大加强。基督教的符号体系确实很难用恋母情结的直接投射来解释，但恋母情结在运用心理动力学方法来分析基督教的基本主题中却颇具说服力。这一事实似乎暗示，恋母情结这一概念本身的产生，可能首先是受了犹太教和基

---

① 贝拉：《超越信仰：后传统世界的宗教研究》，页82。

督教的符号体系的深刻影响。恋母情结可能并不像弗洛伊德所想象的那样普遍可以适用，它并不像他在《图腾与禁忌》一书中所指出的那样，是"所有精神疾病的核心"，也不是人类社会和文化主要方面的"起源"。[①] 然而，恋母情结，即父子关系中固有的那种紧张的感情纠葛，倒确实似乎具有普遍性。所谓的投射理论，乃是一种过分简单的因果关系说，它无法说明文化符号体系对社会结构所产生的巨大力量和影响。

虽然家庭在儒家的社会中居于中心地位，但它并没有被看成目的本身。儒家将家庭看作人类的自然的栖所，它是相互支持和个人成长所必需的和最合适的场所。据此，父子关系是人类生存状况的一个突出特点：人就是有父。但是，生活的最终目的既不是调节家庭，也不是协调父子关系，而是自我实现。在儒家看来，只有通过修身，家庭才能得到调节，父子关系才能得到协调。这样我们就可以理解，《大学》一书为何"以修身为本"，而把齐家、治国、平天下视为"末"（枝）。[②] 修身终能导致平天下的内在逻辑，正如同众多分枝乃是健壮主干的自然产物一样。这点此处不详论。此处只要指出下面一点就够了：尽管没有证据表明文化的象征符号，诸如儒家的"天"和"道"是家庭价值的投射，但父子关系和其他"五伦"，却必须借助赋予此特殊社会结构以意义的某

---

① 弗洛伊德：《图腾与禁忌》英译本（New York：W. W. Norton & Company, 1952），页 157。

② 陈荣捷：《中国哲学资料选集》，页 86—87。

种"超越"，才能得到充分理解。

基督教的符号体系以耶稣为救世主来拯救灵魂，因而有削弱家庭关系之意义的倾向。与基督教不同，儒家的"拯救"是把家庭中成对的二分体关系作为其出发点，把重点放在学做人的具体过程上，而不是放在自我实现的最终目的上。《论语》中关于"孝悌为仁之本"的观点，准确地说，是意味着将孝和悌看作实现人性的第一步。[①] 孟子在批判墨子"兼爱"时，反驳了那种认为对待路人应像对待自己的父亲一样亲切的道德观。[②] 使孟子感到不安的并不是它的道德理想主义，而是整个做法的不可实现性。如果我们把父子关系的丰富内涵，包括它的富有成果的多义性，简化为我们与路人相遇时的单向度关系，那么，关心陌生人就像关心自己的父母一样热情的良好愿望，就会变成对待我们的亲人就像对待陌生人一样冷淡的可悲后果。事实上，我们必然是在受其直接限制的各种二分体关系的背景下开始自我实现进程的。坚持这一点，构成了儒家符号体系中父子关系的基本原则。

支配父子关系的另一个基本原则，乃是交互对等原则（恕）。[③] 那种只是将父亲视为一个社会化他人的人、一个教

---

① 《论语》，第 1 篇第 2 章。

② 《孟子》，第 3 卷（下）第 9 章。

③ 杨联陞：《报：中国社会关系的一个基础》，见费正清编：《中国的思想和制度》（Chicago: The University of Chicago Press, 1957），页 291—309、395—397。

育者，因而也是权威主义的管教者的印象，如果不算错误的话，也是很肤浅的。的确，一个作为儒家的儿子是不允许对父亲表达反抗情绪的，但是如果把儿子由于他对父亲的进攻性长期受压抑而终于爆发，说成是现代社会和传统儒家社会的中心问题，是会误导人的。依据交互对等原则，父亲就应当有父亲的形象，这样，儿子才能以一种最适合的自我认同的方式去实现父亲的自我理想。子孝被认为是对父慈作出的反应。父亲在期望儿子热爱和尊敬他之前，必须为儿子树立起爱人和值得尊敬的榜样。在儿子的心目中，父亲应当是一个值得仿效的老师；但同时并不鼓励父亲亲自去教诲自己的儿子，以免父子的亲密关系由此受到损害。[①] 正因为如此，易子而教，在中国社会一直是很常见的。

儒家文化中父亲形象的严厉，不应当与冷淡或漠不关心混为一谈。一般来说，父亲并不应从形体上太接近儿子，形体的亲近似乎是母子关系享有的特惠。然而，父亲在儿子发展的最关键阶段则应当是儿子的经常伴侣，并与他保持密切关系。如慈父必须参与儿子的教育，照料他的成长，帮助他安排婚姻，并使他能开始自己的生涯。作为儿子，则应反过来努力实现父亲的各种愿望与理想，并把它们内化为自己生活的目标。交互原则似乎是许多社会所共有的，不过在儒家符号体系中，对于倡导这个原则却有自己独特的依据，即父

---

① 《孟子》，第 4 卷（上）第 19 章。

子的交互的亲密关系不仅是绝对必要的，而且非常有利于儿子的精神成长。它同下述的观点完全对立：即内在的精神性的追求，需要人超越或放弃一切原初存在的关系。因此，父子关系之所以在儒家思想中居于中心地位，是因为根据儒家思想的范式，自我实现绝不可能没有他人的参与。

那么，这是否意味着，既然儒家符号体系中的终极性事物（例如天或道）没有明显地从自然的与社会的秩序转到一个超越的参照点（例如上帝）上，因此就没有能力提出终极性的问题呢？如果真是这样的话，那么，儒家的自我归根结底只是一个社会道德的范畴，或者说是一个缺乏深刻宗教意义的范畴。但是另一方面，如果采取本文的取向，认为儒家的自我其本身就是一个超越的参照点，那么我们究竟如何理解自我与天和道这样的终极性事物之间的接合关系呢？

我以为，理解这一点的关键在于，儒家不仅将自我视为种种关系的中心，而且视为一种精神发展的动态过程。在本体论上，自我，我们原初的本性，为天所赋。因而，就其可涵润万物而言，是神圣的。[①] 在这个意义上，自我既是内在的，又是超越的。它为我们所固有，同时它又属于天。这个概念看起来似乎类同于基督教把人性视为有限界的神性。依据类比，儒家所说的自我，或人的本性，可以看成是在人的身上所体现的上帝的形象。不过，天的超越性与上帝的超越

---

① 陈荣捷：《中国哲学资料选集》，页98。

性是很不相同的。孟子认为，人心的充分实现能使我们理解
人的本性，进而最终理解天（尽心、知性、知天）。这种观
点是以这样的信条为基础的，即自我是我们从整体上理解天
命之微妙含义的充分和必要的条件。用基督教的语言来描述，
它意味着，即使没有上帝的恩典，人性本身也能充分实现它
的有限神性，以至于作为上帝化为肉身的历史上的耶稣也不
过象征着，人凭借自己的力量应该可以达至何等的境界。不
过，这种说法却和恶名昭彰的儒家式的皮拉基亚斯教义①有非
常相似之处，后者包括：否认原罪，断言人具有不陷溺于罪
的意志自由，声明我们作为人具有无须外力支援的力量去取
得得救所必需的神恩。确实，在儒家看来，神恩和自我实现
是完全不相干的。

　　虽然我们并不认为超越意味着某种具有外在根源的权威，
更不必说所谓"全然的他者"，但是，儒家的自我确实具有明
显的超越层面。即天住在自我之中，它通过自我而发用，而
且经由自我得到最佳化的表现。这种自我保持着与天的默契，
它是伟大的文化理想和精神价值得以生长的源泉。因此可以
理解，儒家心目中的主体性，并不属于有所偏爱的特殊主义；
吊诡的是，恰恰相反，它变成普遍性的具体的基础。

　　由于我在别处已详尽阐述过这一点，②因此，本文仅从精

_____

　　①　皮拉基亚斯（360？—420？），英国僧侣及神学家，他的教义否认
原罪，主张人有意志自由。

　　②　杜维明：《中与庸：试论"中庸"》，页100—141。

神的能动发展这一角度来考察自我中超越的意义。人们也许会问，既然善是人生来固有的本性，那为什么还有自我实现的必要呢？对此，直截了当的回答是：我们本性中固有的善往往处于潜在的状态之中，只有通过长期和持续不断的努力，它才能作为一种被体验到的实在而得到实现。然而，从更深层的意义上说，我们还必须把本体论上的肯认和存在状况上的实现过程加以区别。我认为，自我实现是一个存在层面上的概念，它规定了一种将"人性本善"的本体论主张变成现实存在的方式。正因为人性本善，所以，自我实现的终极基础和推进自我修养的具体过程两者都处在自我的结构之中，尽管有皮拉基亚斯主义错误之嫌，儒家的自我其本身就包含有精神能动的发展所必需的内在源泉。

对自我的这种认识隐含着一种循环：由于人性本善，所以能动的精神发展具有确凿的可能性；反之亦然。如果我们同意儒家在本体论上的主张与存在状况上的实现过程之间的区别包含着某种辩证关系的话，那么，这种循环并不是一种恶性循环。因为，我们可以很清楚地看到，在儒家自我的结构中具有一种对超越的强烈渴望，但是这种渴望不是对一个外部最高的存在者的渴望，而是对赋予我们人以其本性的天的渴望。从更深刻的意义上说，这种对超越的渴望也是对自我超越的强烈要求，即超越自我的现存状态，使自我成为应该成为的自我。从本体论上讲，尽管我们从不缺乏与生俱有的精神发展的源泉，但还是必须不断地向可以利用的符号资源开放，以探求自我实现的具体道路。他人的参与不仅是最好能有，而且是绝对必要的。因为作为关系的中心，我们并不是孤独地走向我们的最终归宿；我们总是生活于家庭和朋友的关系之中，不管他们是在我们的回忆中、想象中，还是实实在在地出现在我们面前。

　　因此，儒家的终极问题是：我怎样在社会关系中实现作为天赋人性的自我呢？父子关系成为儒家符号体系核心的本身，正反映了这一提问方式。既然我永远无法作为被孤立的或可孤立的个体来实现自身，我就必须承认，我得在与他人建立的二分体关系中，首先是我同父亲的关系中来给我自己定位，并把它作为实现自身的出发点。同父亲的关系对于我的自我拯救是至关重要的，因为如果这一关系被忽视，那么，我便再也不能面对从整体意义上说我之所以为我这个现实。毕竟，天所赋予我的本性，只能通过作为种种关系之中心的我的存在去表现。为了进行修身，除了其他的关系以外，我首先应当通过我与父亲的关系（这种关系具有富有成果的歧义性）去完成。圣王舜当然面临比大多数人更为困难的任务，但他和我们一样，也不可能绕过他所处的社会关系而直接与天建立密切的联系。他所以能在充分实现自我的意义上达于天，正是因为他能勇敢地面对他身边的各种社会关系的挑战。社会关系本身并不是儒家的终极关怀，它们在儒家的符号体系中之所以显得重要，是因为一方面它们植根于人的深层心理，另一方面，它们可以扩展上达到人的宗教层面。

在这个意义上，父子关系为修身提供了情境和媒介。我们培养对父亲的敬重，并不是因为父亲处于支配地位，也不是因为我们不敢违抗他们，我们尊重他们是为了我们的自我实现的构想，而且通过细心说服，也可能使父亲们觉得，这也是为了他们自身的自我实现的构想。的确，我们的自我理想正是通过师生关系、朋友关系、君臣关系、兄弟关系以及其他许多社会角色才得以产生存在。在这里，尽管父子关系具有中心的重要性，但毕竟只是其中的一种关系。因此，我们像舜一样，虽然把同父亲的关系当成绝对的无法解除的纽带，但我们并不服从他们的专横统治。为了我们自己，也为了父亲，我们必须诉诸天赋予我们的本性、良心，并受它们的导引。毕竟，我们是为了自我实现这一终极目标，才把父亲尊为我们所追求的有意义生活的源泉。确实，在我们同父亲的关系中，含有一种"创造性忠诚"之意。① 为了给我们的社会带来美好的生活，我们都参与一种共同的事业。我们知道，只有超出有限的、自我中心的世界观，才能够真正领悟人性中固有的具有普遍性的天命。我们严肃地对待我们的种种二分体关系，因为这些关系能够借助象征符号的内容来丰富我们的内在资源，从而使孝、悌、友谊等成为精神发展的必要组成部分。正是在这样的意义上，儒家的自我需要他者的参与。

----

① 卡博内尔·马塞尔：《创造性的忠诚》，罗伯特·罗斯塞尔英译本（New York：Farrar Strauss & Co., 1964）。

为了避免把自我与他者的共生现象误解成一种还没有经过区分的、混沌的有机论的概念，指出下面一点是十分重要的，即儒家的自我概念——其中没有原罪和上帝恩典的观念——绝不是肯定人在"堕落"前的那种天真无瑕的状况。尽管儒家缺少关于"堕落"的神话，但人的脆弱性、易堕落性、邪恶性等，在儒家的符号体系中都得到了充分认识。儒家敏锐地意识到人类的自我毁灭倾向，更不用说懒惰、邪恶、傲慢等类似的倾向了。正是这种对人在自我修养中所碰到的巨大困难的深刻意识，促使儒家把人的精神发展界定为一种群体行为。一个孤独的人在完全孤立的状态中试图寻求自我拯救，而又没有来自群体的切身支持，这种观念在儒家社会中是不可思议的。儒家更珍惜的途径，是通过与日益扩展的人际关系圈的交流和参与去进行自我修养。即使是冒着失去个体自主的危险，儒家也宁愿选择适合的伴侣和"志同道合的朋友"共同参与，以相互勉励的形式发展自己。在这点上，父子关系与师生关系以及夫妻关系类似，归根结底都是以一种对共同事业的相互信赖的承诺为基础的一种"合约"。通过所谓富有意义的他者，人能够深化和拓展自我，这就是儒家不仅把自我视为各种关系的中心，而且视为精神的能动发展过程的意义所在。

八　宋明儒学的宗教性和人际关系

　　宋明儒学所谓"学"，其主要目的是"为己"。[①] 学做人不是为了使他人感到满意，也不是为了符合一种外在的行为准则，而是一种自发的、自主的、充分自觉的，并且全面承诺的意向行为，一种自我实现的行为。它确定自己做人的方向，产生自己做人的形式，并创造自己做人的内容。事实的确如此，宋明儒思想的所有基本格言，不论程朱理学或陆王心学，都把自我实现当作一种既定的基本设定。程颐的所谓"涵养须用敬，进学则在致知"，[②] 朱熹的所谓"居敬穷

---

　　① "为己"的思想是在《论语》（第 14 篇第 25 章）中最早出现的，它作为一种基本的前提，实际上为所有的宋明儒家流派所接受。

　　② "涵养须用敬，进学则在致知"的表述，体现了程朱对待道德之自我修养的特有看法。参见陈荣捷：《中国哲学资料选集》，页 562。

理"①，陆象山的所谓"先立乎其大者"②，王阳明的所谓"致良知"③，以及刘宗周的所谓"慎独"④，都是典型的范例。不过，尽管宋明儒学认定伦理宗教领域创造活动的中心是人的主体性，但它既不是主观主义的，也不是个人主义的。

例如，宋明儒家思想中的自我并不是指孤立个体的私人占有物，而是一个开放系统。它是各种有机关系的动态的中心，是一个具体的人通向整个人类群体的道路。在本文中，我打算就宋明儒家从哲学人类学的角度提出的一些具有永恒意义的宗教和家庭的问题，探讨其中的宗教伦理意义。

宋明儒家思想的一个鲜明特征，就是重新体现孟子的古典心学，视之为不断深化和扩展自我认识的一个永无止境的过程。这一新界定包括对个人品格修养的本体论论证和如何

---

① "居敬穷理"的观点可视为是朱熹对程颐的教育方法的解释。陈荣捷认为：和程颐一样，朱熹在道德教育中的"敬"和"格物"之间求取平衡。朱熹曾指出，"敬"乃是儒家留给后人的一个重要范畴，它既是程颐教学的基础，同时也是程颐对后人的最伟大的贡献之一。参见《中国哲学资料选集》，页 607。应当指出，"敬"这个范畴，既可表示"尊重"和"恭敬"的意思，也可以像陈荣捷那样选择了"严肃认真"一词来表达其多方面的含义。

② 人们通常认为，陆象山是将其道德哲学建立在孟子的思想基础之上的。"先立乎其大者"，参见《孟子》，第 6 卷（上）第 15 章。

③ "致良知"有多种译法，诸如"先天知识的扩展""道德意识的扩展""良心的扩展"和"直觉知识的扩展"。在我的这篇文章中，"良知"实指"原生意识"，而"致"则有"充分实现"的含义。参见《孟子》，第 7 卷（上）第 15 章。

④ 刘宗周所谓"慎独"说，是以《大学》和《中庸》为基础的。

获得这种修养的经验性的描述。用宋明儒学的话说，"为己之学"命题中包含有两层不可分离的意思，即"本体"和"功夫"。在本体的层面上，宋明儒学将"为己之学"建立在将人性视为"觉（感受性）"的基础之上。① 如同宇宙间的任何其他存在形式一样，人的存在被赋予了所谓"理"这种实有。因此，人的存在是"存在之链"，即包容天地万物的环链中的一个不可缺少的组成部分。然而，人的独特性就在于，他的心有一种固有的能力，在其良心和意识中去"体天下之物"。通过这种体悟或体现，实现自己的"觉"（感受性），彰显真正的人性，并"参天地之化育"。②

宋明儒家有关心的无限感受性的信奉，绝不是一种浪漫主义的见解，乃是有意识地试图赋予人性一种上帝般的创造性。③ 用神学的话说，虽然宋明儒家并不相信有一位超越的人格化的上帝——他有时被描绘为一个"全然的他者"——但他们相信人性最终是善的，而且有包容万物的神性。这种人性是天命所赐，必须通过心的有意识的、致良知的活动才能充分实现。在这里有一个基本的假定，可以称之为"存有的连续性"。

---

① 参见程颢的《识仁》一文，该文收在《二程遗书》中。

② 这是建立在《中庸》的天人观点的基础上的。参见杜维明：《中与庸：试论"中庸"》。

③ 方东美：《中国哲学：其精神及其发展》（台北：联经出版事业公司，1981 年），页 446—469。

在宋明儒家的思想中，天的实体对人绝不是陌生的，因此，它能够为人的意志、感情和认知功能所领悟。人的心如果仅靠其理智的机能，可能永远不会领悟天的运作的奥妙。但是，就像调准频率的耳朵一样，通过对心灵的培育和修养，它甚至能够察觉到神发出的最几微的声音。当然，与任何神学论证明显不同，宋明儒家把天的运行过程描绘成无声无臭。[1] 而且，遵循着孟子的传统，宋明儒家坚持，天视"自我民视"，天听"自我民听"。[2] 这种天人互动观念规定了宋明儒学的宗教性。

史密斯（W. C. Smith）在其对宗教意义和目的富有生命力的研究中，对于以一整套可客观化的教条为特点的作为制度的"宗教"，同作为某一信仰群体中的成员在精神上的自我认同所具有的"宗教性"，作了极有帮助的区分。[3] 因此，宋明儒学是不是一种宗教这个问题，不应当同以下这个更加重要的问题混淆起来，相提并论，即在宋明儒家这个群体中具有宗教性究竟是何含义？前一问题的答案，往往取决于我们对于什么构成宗教的最典型范例这个问题所采取的特殊的诠

---

[1]　这也是以《中庸》为根据的，但是，这一观点最早是由《诗经》第235首提出来的。

[2]　《孟子》，第 5 卷（上）第 5 章。应当指出，这一"民主的"或"民粹主义"思想，可以从《书经》中找到。参见詹姆斯·莱格（James Legge）英译本《中国典籍中的〈书经〉》（Oxford: Clarendon Press, 1865），卷 3，页 292。

[3]　W. C. 史密斯：《宗教的意义与终结》（New York : The Macmillan Company, 1964），页 19—74。

释立场，但这种答案也许与我们所了解的、作为一种精神传统的宋明儒家关系不大；而关于宋明儒是否"具有宗教性"的问题，则对于我们揭示宋明儒构想中的"内在层面"却具有决定性的意义。为了方便起见，我们将宋明儒心目中的"具有宗教性"理解为：不断进行作为一种群体行为的终极的自我转化。[①] 既然如上文所言，自我是一个开放的系统，则这种自我转化必然引起自我不断扩展的过程。

或许我们能够以图解形式将自我扩展设想为一系列不断扩展的同心圆，它象征着心的从未测定的可以包容天地万物的感受性。因此，扩展自我就意谓着对最终可以"体"宇宙万物之心的能力加以纯化、察照，并使之臻于至善。这即是说，自我并不是一个静止的结构，而是一种动态的过程；它是诸种关系的中心，而不是一个个人思想和情感的封闭世界；它需要伸出去接触其他的自我，通过不断开扩的人际关系网络与他人沟通。尽管宋明儒家的自我观念可以通过社会角色来理解，但它却首先是一个具有深远的宇宙论和本体论含义的伦理宗教观念。

通过修心以实现人性的具体道路，包含情境化和非情境化两者之间的互动。我们还可以把宋明儒的伦理与宗教性的这种独特性，进一步看作结构上的限制和程序上的自由之间

[①]　杜维明：《作为群体行为的终极自我转化：论传统中国之自我修养模式》，《中国哲学杂志》1979 年第 6 期，页 237—246。

的辩证关系，它出现于自我修养的每一阶段之中。首先，必须承认作为各种关系之中心的自我，开始实现自身时是处于各种相互联系的条件，即情境之中的。它需承认这点乃是以前面所提到的"存有的连续性"为基础的。根据定义，自我转化不只是离开自己"所在的原点"，而且也是对这个原点的回归。它既不是对纯粹精神性的追求，也不是对肉体的、世俗的或对渎神的事物的一种解脱。在宋明儒家那里，凡俗和宗教，或肉体与精神的两分法，由于容易造成误导而遭到拒斥。按照他们的看法，真正的任务乃是在人类的日常生活中彰显生命的终极意义。①

当然，宋明儒的宇宙中不是没有特定的地点与时间的。"转化中的自我"②所体验到的时空，提供了一个无法剥夺的情境，因此，最原初的纽带在宋明儒学对自我的界说中居于中心地位。当然，侧身于特定的时间、处于确定空间中的感觉，绝不仅仅包含对人的肉体存在的意识。尽管人心可能如同一块"白板"，但人总是出生在复杂的社会关系网络之中；自我作为一种活生生的现实而非抽象的概念，必然会意识到周围的他人是他自身存在的不可缺少的组成部分。自我所处的情境不仅要求一种被动的承认，而且也要求积极的确认。

---

① 杜维明：《宋明儒家的人的概念》，收录在《仁与修身：儒家思想论文集》，页 71—82。

② 这一表述借用于赫尔伯特·芬加雷特那发人深思的书名，《转化中的自我：精神分析学、哲学与精神生活》（ New York：Basic Book, 1963 ）。

一旦人际关系这一事实获得确认，人们便能为自己所充当的社会角色承担自己的职责。虽然我们不可避免地会被情境化，但这种结构上的限制未必是对我们进行自由选择的一种外加的强制，因为它提供我们生存下去的养分、成长的环境，以及据以进行创造的象征符号的资源。

然而，从更深刻的意义上讲，在宋明儒思想中，自我的意义不可能被使自己情境化的社会角色所限制。无论人的结构限制如何强固，或被认为是如何强固，在人的发展的任何时刻，总有超越以及克服这种限制所产生之消极影响的可能性。自我固然是处于社会性之中，但它既不是被封死在社会性之中，也不是社会性的奴隶，所以，界定自我之社会角色的二分体关系所构成的网络也绝不是固定不变的。这种网络必然经常地与不断生灭的关系所组成的变化着的结构交织在一起，自我正是在自己的生活处境中和这种结构相遭遇。毫无疑问，有一些基本的永久性关系——如父子关系——不会因这些变动因素而消失。然而，即使这种关系也不是固定不变的，因为，当它左右其他关系时，也要被其他关系所左右。因此，各种各样的二分体关系的互动，产生了整合人格的推动力。这种推动力，就是上文所谓的程序上的自由。

进而论之，自我的扩展最终达到了与最具普遍性的天的合一境界。在这一过程中，自我经历了与一系列不断扩展的社会群体相融合的具体道路。这种伦理宗教的灼见的经典依据是《大学》中的这句话：

身修而后家齐，家齐而后国治，国治而后天下
平。①

宋明儒对上引经文的解读，忠实于为己之学的精神，把
直接关系到个人生活的修养问题放到非常醒目的位置。因此，
宋明儒家的诠释工作将其注意力集中到自我扩展的"内在层
面"。这一层面是由"格物""致知""诚意""正心"等构成
的。②在所有主要的宋明儒学思想家的著作中，都十分强调以
一种考古学挖掘的方式去获取对自我的深层的理解。

宋明儒家确信，自我的可完善性可以扩展到家庭、国家
乃至天下。以"修身为本"不仅具有个我的，而且具有社会、
政治和宗教的重要意义。坚信自我所具有的巨大转化潜能，
必然导致对于彰显这种潜能所必需之方式的意识。"修身而后
齐家"这一命题意味着：只要家未齐，修身就必须持续下去。
由此推论，如果国家政制还不是秩序井然，或是还未实现普
天之下的太平，那么，修身的努力便一刻也不能中断。所以，
在宋明儒家看来，"学"需要一种终极的持续不断的承诺。

罗伯特·N.贝拉曾经认为：宋明儒学中的宗教性受到儒
家符号体系中缺乏超越支点的限制，所以，它"没有结构上
独立的宗教群体的基础"。③由于在儒家观念中，几乎没有论

---

① 《大学》，第1章。

② 《大学》，第1章。

③ 贝拉：《基督教和儒教中的父与子》，页81。

证过在社会认可的规范之外还有其他更高的规范，因而，创造性社会革新的真正可能性，便往往"因缺乏对某种超越存在的忠诚而受到排除，而正是这种忠诚能为社会革新的可能性提供依据"。[1] 可是，近来的研究成果，包括贝拉自己对这一问题所作出的反思，都对韦伯对儒家伦理学的笼统解释进行了重大的修正。例如，托马斯·墨子刻（Thomas A.Metzger）强调指出，宋明儒学中确实有一种与清教徒伦理在功能上相应的东西。[2] 而韦伯则断言，宋明儒的精神导向是对世界作出适应，而不是主宰世界。韦伯的这一观点不再令人信服，而且，他对于儒家的生命导向所作出的总体估价也是不能成立的：

> 一个成功地适应了环境的人，由于只将自己的行为合理化到适应所需程度，因此不可能构成一个系统的整体，他只能是某些有用的特性的复合体……这种生活方式不允许人们有一种追求"统一人格"的内在渴望，一种我们认为和人格这一观念密切相关的追求。对他来说，生命始终只是一连串偶发事件而已。[3]

---

[1]　贝拉：《基督教和儒教中的父与子》，页 95。

[2]　墨子刻：《摆脱困境：新儒学与中国政治文化的演进》，页 29—47。

[3]　马克斯·韦伯：《中国的宗教：儒教与道教》英译本（NewYork：Free Press, 1964），页 235。

韦伯认为，在儒家道德中"没有一种摆脱了传统和习惯而对行为发生影响的内在力量"。尽管这个观点是不了解情况的结果，[①] 但是他的基本主张仍然值得我们注意。韦伯争辩说，儒家由于力求调和自我与社会之间的冲突，它的伦理中缺乏：

> 介于自然与神祇、道德要求与人的缺陷、罪的意识与得救的必要、现世行为与超越现世的补偿、宗教义务与社会政治现实之间的任何张力。[②]

无论宋明儒学的大师们能否克服通过精神的自我转化以实现政治道德化的抱负和君主要他们忠诚地参与政治格局的要求两者之间的冲突，"任何模式的社会关系都不具有终极资格"[③]的看法，这在基督教看来是理所当然的，但对宋明儒来说却是不可思议的。一个不可否认的事实是，从历史上看，在经过高度政治化的儒家象征符号系统的影响下，"孝与忠都变成绝对的"。[④] 在儒家思想占统治地位的中国，即便是最杰出的思想家，也无法发展出一套超越政治的灵魂得救论。这

---

① 马克斯·韦伯：《中国的宗教：儒教与道教》英译本，页 236。
② 马克斯·韦伯：《中国的宗教：儒教与道教》英译本，页 235—236。
③ 贝拉：《基督教和儒教中的父与子》，页 95。
④ 贝拉：《基督教和儒教中的父与子》，页 95。

一事实清楚地表明，作为"全然他者"的超越的观念，在宋明儒学思想中是绝对不可能存在的。

不过，批评宋明儒学缺乏一个超越的支撑点，这实际上是把一种基督教的，从而是外来的解释强加在宋明儒学之上。现代儒者确实很难完全理解那种"全然他者"的观念，那种绝对依附的情操，也不会认为全心信仰一个不可知的上帝是说得过去的。但是，在宋明儒传统的符号资源中，的确有可能发展起一种超越的支撑点，用以作为知识群体或旨趣相近的求道者的终极依据。这种群体在结构上独立于政治秩序，但在功能上又与现实的社会政治不可分。尽管儒家很难设想有一个作为"全然他者"的超越力量，但它对终极自我转化的承诺却必然包含着某种超越层面，超越作为存在状况之自我的通常界限，从而使人能与天所赋予的本性相符。儒家的这一观点，必然引发人去从事不断超越眼前经验的转化性活动。这种转化性活动是以这样一种超越观为基础的，即从本体论意义上讲，我们实在是比我们的现状无限地更好，更有价值。儒家认为，人在其最终极的意义上同天、地构成三位一体。从上述超越观点出发，可得出一个结论，即每个特定的社会关系模式仅仅具有工具意义上的重要性，而不具有终极性。

至此，我们或许可以将宋明儒的宗教性重新表述为：它是由人的主体性的不断深化和人的感受性连续扩展的双重过程构成的。在这种情况下，作为群体行为的终极的自我转化

必然产生一系列的吊诡：如对自我的培育采取了对自我的主
宰的形式；自我为了实现其本性，就必须改变它的以自我为
中心的结构。于是，要深化主体性，就需要不断进行灭私欲
的斗争。正如修身使我们不得不超越自我中心主义一样，齐
家、治国、平天下使我们不得不超越出裙带主义、种族主义
以及沙文主义的局限。对上述种种局限的、狭隘的集体意识
的弊端，宋明儒或许还不像生活在今天多元的地球村中的我
们那么敏感。但是，指出下面一点是极为重要的，即在宋明
儒看来，扩展人的感受性应当也会使他摆脱人类中心主义。
在他们看来，人存在的真正意义就在于天人互动，万物一体。

　　由这种天人之际的观点出发，宋明儒关于家庭的思想不
仅具有浓郁的社会和政治含义，而且含有伦理宗教的含义。
张载（1020—1077）的《西铭》——陈荣捷将该文视为"宋
明儒家伦理学的基石"——直接道出了这样的含义：

　　　　乾称父，坤称母；予兹藐焉，乃混然中处。故
　　天地之塞，吾其体；天地之帅，吾其性。民，吾同
　　胞；物，吾与也。[①]

　　这段表述意味着，从家庭进而扩大到国家和世界，都是
一种"信赖性群体"的不可分割部分，在这个群体中，有机

---

① 　陈荣捷：《中国哲学资料选集》，页497。

的联系将各种形式的存有结合在一起。将这种天人观运用到
人类社会，很自然地得出下面的看法：

> 凡天下疲癃残疾，惸独鳏寡，皆吾兄弟之颠连
> 而无告者也。①

不过，正如朱熹所指出的，张载的孕育万物的"仁"所
隐含的基本假设，并不是无差等的"博爱"，而是宋明儒所
谓"理一分殊"的说法。② 如果不展开技术性的细节讨论，那
么，从其"体"（本体）观之，"理一分殊"的含义就是：有
一种有机的统一性渗透万事万物之中。换句话说，万物之间
存在着绝对的平等性，因此，人的精神感受性能够而且应当
包容万物，一视同仁。但是，另一方面，从"用"（功能）上
讲，人的"道德努力"必须对特定环境进行具体分析。所以
说，"理"如何具体体现于万事万物的多样性便成为问题的关
键。既然人不可能做到像关心最亲近的家人那样去关心陌生
人，要恰当地表达人的感受性，就需要有差等的表现形式。

---

① 陈荣捷：《中国哲学资料选集》，页893。

② 陈荣捷：《中国哲学资料选集》，页550。这段文字经常被译为：
"原则是一个，而原则的具体化形式则很多。"我在自己的论文中采用了狄百
瑞的译法。参见他的《中国的自由传统》（Hong Kong：Chinese University
Press and New York：Columbia University Press, 1983），页51。

　　由此出发，"五伦"①就是在结构和功能上有区别的五种
二分体关系。这五种关系可以给人一种事有先后之感或某种
等级次序的感觉，其中父子关系特别突出似乎正可说明五伦
之间有先后或等级的差别。然而，不能认为父子的对应关系
为其他四种关系提供了一种统一模式。应该说，每一对关系
都有其独立性，即不能够还原为或归属于任何其他的关系。
在解释中国政治文化时常见的一个错误是：据称由于宋明儒
学的影响，认为君臣关系是以父子关系为模式的。父子或父
母与子女的关系，乃是一种既定的原初血缘关系，它具有绝
对的约束力，也是人所无法摆脱的。一个人不可能选择自己
的父母，可是可以随时拒绝进入某种君臣关系，乃至切断自
己的某种政治纽带。所以，父子之间的指导原则乃是"亲"，
而君臣之间的大德则是"义"。把父子关系和朋友关系二者结
合起来，也许更有助于理解君臣关系。

　　在分析五伦关系时容易犯的另一个错误，乃是夸大所有
对应关系中不对称性的分量。这种夸大一般会给人以这样的
印象：似乎强调臣对君、子对父以及妻对夫的单向依附性的

---

　　①　常被人们引用的是《孟子》中的一段话："人之有道也，饱食、暖
衣、逸居而无教，则近于禽兽。圣人有忧之，使契为司徒，教以人伦——父
子有亲，君臣有义，夫妇有别，长幼有序，朋友有信。"参见陈荣捷：《中国
哲学资料选集》，页69—70。

"三纲"[①]是宋明儒伦理的特有本色。从历史上看，宋明儒学作为一种政治意识形态，也许对近代以前中国社会推行暴君专制、老人统治以及男性主宰起了一定的作用。然而，这五种最基本关系的实质并不是依附性，而是交互对等性，即所谓"报"[②]。子孝是通过父慈得到回报的，臣忠是通过君明得到回报的，如此等等。在这一点上，友谊乃是典型的互对性。正是互对性而不是依赖性，决定了朋友有"信"（trust）的含义。

由朋友之间缔结的信赖社会的"信"（trust），并不是那种为达到某种狭隘的经济或社会目的所设立的信托公司的"信"（trust）。宗教中的团契这个近代观念，与专业协会或学术性团体不一样，比较接近宋明儒家所谓"友道"，而"友道"又与"师道"密切相关。友谊以及师生关系，是为了群体的自我转化而存在的，其目的便是进行道德教育：

濂溪（周敦颐，1017—1073）先生曰：刚善：
为义，为直，为断，为严毅，为干固；恶：为猛，

---

① 所谓"三纲"，是指君臣、父子、夫妇之间的关系具有不易的原则。汉代哲学家董仲舒（公元前179—公元前104）是根据道德教育来讨论这些关系的，而单向度从属的提法则是一种高度政治化的解释。参见陈荣捷：《中国哲学资料选集》，页277—278。

② 杨联陞说："在中国，'报'的观念乃是社会关系的基础。"见费正清编：《中国的思想和制度》（Chicago: The University of Chicago Press, 1957），页291—309、395—397。

为隘，为强梁。柔善：为慈，为顺，为巽；恶：为儒弱，为无断，为邪佞。惟中也者，和也，中节也，天下之达道也，圣人之事也。故圣人立教，俾人自易其恶，自至其中而止矣。[①]

这种"为己之学"的道德教育观，还突出地体现在兄弟之间的关系上。它要求兄弟在应用互对原则以追求自我理解的过程中，不仅包含公平原则，而且包含利他精神。在儒家思想中渗透一切的精神，乃是对他人的设身处地的理解，它意谓着"恕"（体谅与宽恕）的原则[②]，因此，报复的思想是与宋明儒家的互对的价值观截然对立的。或问："如兄能爱其弟，弟却不恭其兄，兄岂可学弟之不恭而遂忘其爱？"朱熹的回答是否定的。他认为，"兄当尽其爱而已"。因为，这正是《诗经》中"兄及弟矣，式相好矣，无相犹矣"[③]的真正含义。

不应当错误地认为，上面所宣示的是一种自我牺牲或简单的超然不计较的心理。因为，一个信赖群体意味着其中每

---

① 陈荣捷译：《近思录：由朱熹和吕祖谦汇编的宋明儒学选集》（New York：Columbia University Press，1967），页 260。

② 《论语》曰："夫子之道，忠恕而已矣。"参见陈荣捷：《中国哲学资料选集》，页 27。

③ 陈荣捷译：《近思录：由朱熹和吕祖谦汇编的宋明儒学选集》，页 181—182。

个成员的道德完善是所有成员共同关心的事情。当某一特定的对应关系出现明显的不对称现象，例如弟缺乏敬的意识时，就要求正直的兄为了自己的修身去有意识地帮助他人（弟）继续其道德学习过程。这就是《论语》中所说的名言："己欲立而立人，己欲达而达人。"①所以，根据自我教育的观点，互对性总是一种双向交流的关系。君主、父母、师长、朋友以及兄长，都应当和臣子、子女、弟子、幼友、幼弟一样努力使自己顺从、忠诚以及献身于社会共有的价值观念。

可以想象，有时一个人不得不设法帮助父母做出符合社会道德的举止。当然，对老师也是如此（更不用说去帮助那些连起码的统治标准都经常达不到的统治者克服缺点了）。这样做的必要性和好处是理所当然的，但是要获得所必需和预期的结果，则所采用的具体方式不仅需要仔细考虑，而且需要非常有分寸。在评论《易经》中的"干母之蛊，得中道也"时，程颐（1033—1107）曾经这样说道：

> 子之于母，当以柔巽辅导之，使得于义。不顺而致败蛊，则子之罪也。从容将顺，岂无道乎？若伸己刚阳之道，遽然矫拂则伤恩，所害大矣，亦安能入乎？在乎屈己下意，巽顺将承，使之身正事治

---

① 《论语》，第6篇第30章。

而已，故刚阳之臣，事柔弱之君，义亦相近。①

从上文可知，他担心儿子在纠正母亲错误时采取鲁莽的对抗行为，会无可挽回地破坏母子间的和睦。其所担心的不仅是家庭的和睦，而且也是母亲道德的完善。通过外在标准强制灌输，尽管对于自我约束来说可能具有作用，却不可能带来真正的自我转化，是以儒家总是倡导自愿改变态度。因此：

> 孔子教人，不愤不启，不悱不发。②盖不待愤悱而发，则知之不固；待愤悱而后发，则沛然矣。学者须是深思之，思而不得，然后为他说，便好。③

从表面上看，夫妻关系似乎相当程度地背离了互对原则。因为人们的一般印象是，妻子与儿媳在一个男性主宰的社会中，没有自己的"权利"可言。然而，这却是对宋明儒学的规范系统实际上如何运作的一种误解。诚然，程颐在回答"或有孤孀贫穷无托者，可再嫁否"这个别有含义的问题时，显然由于对提问者想确立再嫁一事，有时即使不是称心的，也

---

①　陈荣捷译：《近思录：由朱熹和吕祖谦汇编的宋明儒学选集》，页171—172。

②　《论语》，第7篇第8章。

③　陈荣捷译：《近思录：由朱熹和吕祖谦汇编的宋明儒学选集》，页226。

是必要的这一意图感到不安。因此，他以非常坚决的口吻说道："只是后世怕饿死，故有是说。然饿死事极小，失节事极大。"① 这种对婚姻神圣性的毫不妥协的声明，在程颐思想中很可能同时适用于丈夫和妻子。而且，它也是对那种单纯借口经济理由而轻视婚姻真正意义的通常做法作出的批评。程颐曾赞许地引用他父亲决定娶一个守寡亲戚的行为，并将此当作一种仁慈的表现。② 这一事实表明，尽管程颐原则上反对再婚，但他并未把它看作不变的教条。

在宋明儒家所作的规定中，理想的婚姻关系乃是所有人际关系中最基本的关系。他们认为，男女的婚姻关系产生了家庭中所有其他纽带关系。③ 如果不能确立夫妻之间真正的互对关系，家庭的和睦就会被破坏，社会的稳定也随之被破坏。因此，在凸显婚姻关系的重要性时，所强调的是夫妻之间的义务，而不是浪漫情爱。因此，对于将过多的注意力集中在婚姻的情感方面的告诫，在宋明儒的文献中很容易找到：

> 守其幽贞，未失夫妇常正之道也。世人以媒妁

---

① 陈荣捷译：《近思录：由朱熹和吕祖谦汇编的宋明儒学选集》，页177。

② 陈荣捷译：《近思录：由朱熹和吕祖谦汇编的宋明儒学选集》，页179。

③ 这一主张所隐含的哲学思想，是以《易》为依据的，即"天地之大德曰生"。参见陈荣捷：《中国哲学资料选集》，页268。

为常，故以贞静为变常，不知乃常久之道也。①

在儒家那里，夫妻关系互对性的特征常被称为"敬"。在描绘和谐的夫妻关系时，通常用相敬如宾的说法。例如，程颐就是这样来概括他母亲对父亲的关系："与先公相待如宾客。先公赖其内助，礼敬尤至；而夫人谦顺自牧。"②

就像所有其他的互对关系形式一样，夫妻相敬的思想表达了一种深刻的伦理宗教含义。依据家庭的生育、维系和延续等社会价值来解释宋明儒的婚姻观念，虽然基本上是正确的，但是，夫妻相互关系也应看作是夫妻双方自我教育之不可缺少的组成部分。程颐赞扬他母亲作为妻子的德行，我们不知道他是否对实际情况的复杂性作了某种简单化的表述：

> 仁恕宽厚，抚爱众庶，不异己出。从叔幼孤，夫人存视，常均己子。③

尽管这里反映的是一种男性中心的文化，然而，妻子在家庭人际关系形成过程中的积极参与，是得到充分认可和积极鼓励的。所谓"内（指家庭）外（指公共领域）有别"的劳动分工，证明了妻子确实在家庭中发挥了不可缺乏的功能，

---

① 陈荣捷译：《近思录：由朱熹和吕祖谦汇编的宋明儒学选集》，页173。
② 陈荣捷译：《近思录：由朱熹和吕祖谦汇编的宋明儒学选集》，页173。
③ 陈荣捷译：《近思录：由朱熹和吕祖谦汇编的宋明儒学选集》，页179。

扮演着重要角色。因此，程颐母亲甚至在一些小事上都喜欢征询她丈夫的意见，这种举动被视为对丈夫格外体贴的美德。①毫无疑问，妻子或母亲的终极的自我转化，就像丈夫或父亲的自我转化一样，为家庭及其社会提供了一个激励人心的标准。

宋明儒家对妻子所设定的行为规范，和前现代中国所接受的行为标准并不相同。尽管没有确凿的证据可以肯定，在10世纪出现的宋明儒文化，同当时流行的诸如妇女缠脚这种骇人听闻的社会习俗之间存有因果联系，但认为宋明儒思想体系对于中国妇女社会地位的衰落负有相当大的责任，这一指责至今还不能说已完全洗清。的确，宋明儒家主张按照既定社会角色来确立人在群体中应遵循的等级秩序，这种主张可能曾促使社会采纳了那种我们似乎不能接受的性别上的区别分化政策。不过，正是人类状况中的结构性限制（上文曾谈到这种限制）为我们把社会看作高度分化的"有机统一体"提供了理论根据，而性别上的分化只是其中的一种而已。除此之外，人们在年龄、职业、财富、能力、名望、家庭关系等方面也是有分化的。人并不是由自己选择而只是命定地成为某一个特定的人，但是承认人不可避免地处于种种原初的纽带之中，绝不意味着承认宿命论，而是对人开始学习做人

---

① 陈荣捷译：《近思录：由朱熹和吕祖谦汇编的宋明儒学选集》，页179。

时所处的情境作出现实主义的理解。这种学习任务包括一个
动态的生长过程，而不仅仅是屈从于指定的社会角色。正是
在这个意义上，作为妻子或母亲，就像作为丈夫或父亲一样，
情境化和非情境化之间的辩证的互动就能在她的自我实现的
每一个阶段创造性地发挥作用，而且也可像她的对应面——
丈夫或父亲——一样，尽管（或许我们可以吊诡地说正是由
于）有社会结构上的限制，她终于能够通过发挥（程序上的
自由）来实现她自身。

　　宋明儒家对于妇女角色的态度，是依据于一种对社会的
构想。在这个构想中，妇女同男人一样，可以积极地影响社
会的道德素质。传统的中国母亲在培养和教育孩子，传统的
妻子在照料和管理家庭上所起的重要作用，是绝不可低估的。
一个女儿朝向负责的妻子和母亲转化，就像一个儿子朝向负
责的丈夫和父亲转化一样，都是儒家文化极为关心的问题。
其实，在宋明儒传统的符号资源中，对于如何培养男女之间
真正的互相关系，包含着丰富的真知灼见。宋明儒家所维护
的那种功能性的宇宙论，并不是一种拟人化的宇宙论，因此，
它和男性统治的一套符号系统并无必然联系。由于在儒家的
传统中，缺乏完全制度化的、介于尘世和超越之间的组织（诸
如教会），其自然结果就是不存在一种专门替男性精神主导辩
护的神学论证。尽管妇女长时期地被排除在科举考试和接受
高层次教育之外，但这些做法却不是由儒家的道德形而上学
所规定的。相反，一个志同道合者的群体不仅是，而且也是

应当向全体成员开放的。每个人（不论男女）都具有达到与天地万物为一体的潜能，这种普适性的宣称不仅是宋明大儒思想上的主张，而且也是他们精神上的承诺。

然而，我们又不能忽视这样的历史事实：儒家的社会毫无疑问是一个男性统治的社会。对儿子教育的关注远远超过女儿，丈夫的影响远远超过妻子，而父亲的权威同样明显地超过母亲。女人的三从思想，即年幼从父、出嫁从夫、年老从子清楚地表明，在那等级森严的社会中，妇女地位是何等低下。当然，指责宋明儒学作为一种意识形态是以男性为本位，等于引进一种现代女权主义的观点。而这种观点，实在超出了大多数东西方的传统论说所能想象的范围。不过，倘若我们认真地将宋明儒的宗教观当作一种有生命力的信仰，而不是仅仅视为历史陈迹的话，那么，我们就必须批判那种过时的宋明儒学意识形态，以便恢复其具有普遍意义的人道主义学说的深层含义。只有那时，当我们强调妇女在影响、塑造、领导未来儒家之道中的必要性及其好处时，才不会遇到神学或经文上的困难。朱熹或王阳明也许都未曾有意识地采取一种政策，将妇女培养成精通儒家学说的人，但是，他们所留下的整个遗教却明显地道出这样的意向。尽管他们未必具备现代意义上的平等观念，但是，那种认为他们出于阶级偏见而阻止妇女及没受过教育的平民成为完善的人的观点，则是对他们所传达的基本信息精神的误读。朱熹和王阳明坚持认为：丈夫与妻子之间主导的德行——"敬"，不仅是以劳动分工的思想为基础，而且也是以相互理解与欣赏的价值为基础的。而这一点就意谓着，需要建立一种在功能上分化而实质上一致的男女关系。

在前面我曾提到，在宋明儒看来，人际关系构成其宗教性的一个基本层面；作为一种终极的自我转化，具有宗教情操或宗教性，必然导致积极地参与公共事务。如此理解的宗教意识，不仅是对一个人的自我认同与自我连续性的追求，也是对群体性所做的同样追求。吊诡的是，自我想取得终极转化，就必须沿着按照血缘、族群、地域、历史机遇等原始纽带所规定的具体道路前进。严格来讲，如果自我不能为了道德修养将这些纽带转化为完成修养的"工具"，那么，自我便只能在完全被境遇化与结构化的情况下去承担预定的社会角色。但是，自我的创造性作为道德上的动因，不可以只表现为对决定它作为各种关系中心之情境与结构的超越。真正的正确取向既不是被动式地屈从于结构上的限制，但也不是浮士德式地去触发程序上的自由，而是做出最大努力，使二者的动态的互动能够转化为使自我得以实现的富有成果的辩证过程。"为己之学"之所以具有伦理宗教含义，因为这种"学"是将人际关系中的伦理价值与追求个我亲知中的宗教精神之间的不可分割性，作为它最为根本的观念。

九　宋明儒学本体论初探

宋明儒思想的探究与立论方式，很可能给人们以这样的印象：形而上学或本体论的问题不是被归为次要问题，就是被归入道德范畴。对此，人们能轻而易举地引用宋明儒"语录"中师生之间的对话来加以证实。确实，表面看来，宋明儒家为强烈的充分实现自我，亦即"践形"①的意愿所驱使，把自己的中心关切干脆规定为一种无所不包的心理过程，即如何成为一个圣人。因此，什么是圣人和为什么要成圣，在宋明儒家那里，似乎并不像如何才能成圣的问题那样重要。②

---

①　尽管这一表述最初出于《孟子》，即"形色，天性也。惟圣人，然后可以践形"。但"践形"这一概念是在宋明儒学文献中才广泛使用的。在字面上，它意味着使人的形体设计得以充分实现。这就表明，儒家的修身远不是一种禁欲主义，而是以人（包括身心两方面）的完全实现为目的的。见D. C. Lau译本《孟子》，第7卷（上）第38章，页191。

②　关于这一观点简短的讨论，参见杜维明：《对儒学的一种整体研究》，《第14届国际哲学会议文集》（维也纳，1968年9月），VI，页532—537。

于是，可以理解，通常的研究也就把宋明儒学基本上当作一种道德哲学来对待。尽管宋明儒家偶尔也会离开具体的日常生活问题，但它似乎总要返回到道德领域。[①] 因此，一般人多认为，宋明儒的思想只是在道德哲学领域才真正显示出它的力量。

　　从这种观点来看，宋明儒学对终极实有的讨论，如周敦颐关于"太极"的论述和张载关于"太和"的思考，有时被说成仅仅是对佛教和道教形而上学挑战所作出的回应而已。简而言之，这种看法认为，这些儒学大师对这些问题基本上并无兴趣，但他们被迫不得不对它们进行考察，因为佛教徒和道教徒已经发展出非常精密的形而上学体系，并依此定下了整个讨论域的基调。除非同佛教徒和道教徒的形而上学的思辨方式直接对话，据说儒家的地位便无法牢固确立。因此，宋明儒学思想家为了传达自己的要义，出于战略上的需要，学会了以形而上学方式讨论问题的艺术。基于这一理解，宋明儒家的形而上学（如果还可以使用这一术语的话），至多也不过是为社会伦理学铺路而已，而社会伦理学才是他们的真正主题。

---

　　① 例如，已故汉学家艾蒂安·白乐日（Etienne Balazs）就曾将全部中国哲学当作优秀的社会哲学来表现："即使它试图从世俗的世界中将自身分离出来，并表现出某些纯粹的、超越的形而上学形式，但如果不认识到它迟早还会回复到原先的出发点的话，也是没有希望理解它的。"参见他的《汉末的政治哲学和社会危机》，收入《中国的文明与官僚政制》，H. W. 赖特英译本，A. F. 赖特编（New Haven：Yale University Press, 1964），页195。

尽管这样一个从发生学角度所作的解释在许多方面不能令人满意，但它却在很大程度上支持了一种流行很广的观点，即宋明儒的传统只是中国伦理思想的杰出代表。根据许多教科书的说法，道教或佛教的神圣性同儒家的世俗性的简单折中，代表了中国人的心灵。这种观点进一步强化了一种信念，即宋明儒学将其注意力集中在人的日常生活上，而根本不关心形而上学的本体问题。按照此种方式解释的宋明儒思想，似乎有点像后期斯多噶学派，即坚持人类生活的实践的和道德的原则。①

本文的目的在于对宋明儒的本体论作出分析。此分析基于一种信念，即宋明儒家的伦理学，当它力求形成做人的全面完整的方式时，确实有其本体论的构想作为基础。否则，它的道德哲学将是不完全的，它的社会观也将是没有根据的。因此，本文的目的并不是针对那些关于宋明儒家的"常识"性的诠释作系统的批判，而是要说明，如果我们对宋明儒伦理学的基本结构作一番认真考察，我们就会发现，正因为宋明儒的道德的和社会的思想是牢牢地建立在一种高度整合的形而上学层次上，所以，它们才具有与其他伦理学体系大不相同的含义。

---

①　关于后期斯多葛学派的论述，参见 F. 库帕里斯顿：《古希腊罗马哲学史》(New York: Doubleday, 1962)，第 1 卷第 2 部，页 172—181。有意思的是，就其格言性的表述而论，马可·奥勒留的《沉思录》同宋明儒学大师们的某些语录是并行不悖的。

成圣的形而上学基础

正像上文所说，宋明儒思维方式的一个明显特征，是它对成圣这一问题的强调。在我们看来，作为人性之最高和最深的体现，成圣是宋明儒所关心的所有主要领域在哲学上的聚焦点。这种说法大约不算过分。大概正是在这一意义上，宋明儒将儒家的"学"和"教"标示为"圣人之道"。所以，从严格意义上讲，宋明儒家并不只是"遵循"古圣人之道，而是要"体圣人之道"，以他们自己的生活方式去彰显它。[①]由此可见，圣并不是一种无法探知的理想，而是一种可以实现的人的存在状况。[②]被认为是宋明儒学创始人的周敦颐曾经明确地指出，圣可以通过学习获得：

> 圣可学乎？
>
> 曰：可。
>
> 曰：有要乎？

---

① "圣人之道"也被认为是"身心之学"或"心性之教"。这三种说法所强调的，都是如何通过道德的自我修养成为一个圣人。

② 将这一说法与《孟子》中以下一段话相比是有趣的："（圣王舜）由仁义行，非行仁义也。"[《孟子》，第 4 卷（下）第 19 章] 在这里，"由仁义行"的意思，是说舜已经将道德化育于他的生命之中，因此无须刻意将道德贯穿于实践，而能不知不觉地践履圣人之道。

> 曰：有。
>
> 请问焉。
>
> 曰：一为要。一者，无欲也。无欲则静虚动直。静虚则明，明则通；动直则公，公则溥。明通公溥，庶矣乎！[①]

这里，我们暂不追究"无欲"是否为儒家自我实现的一种本真方式，我只想指出，朱熹曾经对用"无欲"来界定精神的专一状态是否合适，深表怀疑。[②] 不管怎样，坚持成圣的中心地位，并且假定成圣能够通过自我努力达到，则标示了宋明儒传统中各派思想的共识，并被认为是不言自明的。尽管他们对"无欲"是不是精神修养的正确方法这类问题上，意见有严重分歧，但是，宋明儒学中圣的意义要远远超出一种简单的人的品格理想。如果我们的探索仅仅仵留于心理学和伦理学的层次，圣的意蕴就无法展示。诚然，周敦颐的确说过："圣，诚而已矣。"[③] 就其表面意义而言，这可以被解释为：诚实就是成圣所要求的一切。但是，对"诚"绝对不能仅仅作心理学或伦理学的理解，恰恰相反，"诚"实际上是一

---

① 参见《周子全书》，四部备要本（台北：正中书局，1966 年再版本），第 20 卷第 4 章（下）。

② 朱熹的注释，参见正谊堂丛书本（1896）《通书》，或万有文库本《朱子全书》，页 165。也可参见陈荣捷：《中国哲学资料选集》，页 473—474。

③ 《周子全书》，第 2 卷第 1 章（上）。

个本体论的概念。因此，周敦颐继续说：

> 诚，五常（仁、义、礼、智、信）之本，百行
> 之源也。静无而动有，至正而明达也。五常百行，
> 非诚非也，邪暗塞也。①

这里的"诚"，在英语中常被译为"sincerity"，另外也可译为"truth"或"reality"。② 这些英文词汇毕竟都含有"真诚""真实"的意思，都意指一种不以表面貌似而以本体实在为依据的诗意般的深层感受。

周敦颐进一步指出："诚、神、几，曰圣人。"③ 当然，这可以被视为是对前面提到的"圣，诚而已矣"的进一步发挥。周敦颐借用《易·系辞》中的话将"诚"界定为"寂然不动"，而把"神"界定为"感而遂通"。

> 寂然不动者，诚也；感而遂通者，神也；动而
> 未形，有无之间者，几也。诚精故明，神应故妙，

---

① 《周子全书》，第 2 卷第 1 章（上）。参见陈荣捷：《中国哲学资料选集》，页 466。

② 我曾经在一篇对《中庸》学说的专题性研究文章《中与庸：试论"中庸"》（页 106—141）中，对"诚"的概念作了一个一般性的分析。

③ 《周子全书》，第 4 卷第 1 章，参见陈荣捷：《中国哲学资料选集》，页 467。

几微故幽。①

同周敦颐著名的《通书》中的其他论断一样，这种表述
方式不仅是宋明儒的思想特征，而且也使人联想起先秦儒学
中孟子一脉的传统。下面这段孟子的表述便是例证：

> 可欲之谓善，有诸己之谓信，充实之谓美，充
> 实而有光辉之谓大，大而化之之谓圣，圣而不可知
> 之之谓神。②

人们可以很容易从上述解释中推断出，即正如圣象征着
善、真、美、大的一种不断完善，神是圣更进一步的升华。
但是，正如朱熹所坚持的那样，这里所谓"神"，绝不意味着
一种超出圣人之上的"神人"。确切地说，"神"所表示的是，
圣人的转化力是一般人所难以理解的。③ 这一思路与《中庸》
的"道德形而上学"是完全一致的：

---

① 《周子全书》，第 4 卷第 1 章，参见陈荣捷：《中国哲学资料选集》，
页 467。

② 《孟子》，第 7 卷（下）第 25 章。应当注意，汉字"神"在英文中
更多地被译为"spiritual"（精神）。

③ 参见朱熹在《四书集注》中对此所作的注释。引自史次耘注译的
《孟子今注今译》（台北：商务印书馆，1973 年），页 403，注 7。应当注意
到，朱熹在作出这一评论时，是以程子（程颢或程颐）的一段表述来证明自
己的观点的。

唯天下至诚，为能尽其性；能尽其性，则能尽
人之性；能尽人之性，则能尽物之性；能尽物之性，
则可以赞天地之化育；可以赞天地之化育，则可以
与天地参矣。①

因此，可以认为，周敦颐貌似简单的表述，即"圣，诚
而已矣"，实际上是以一种充分发展的形而上学构想为基础
的。当然，成圣作为一种体验的方式而不是作为一种抽象的
原则，并不是没有心理学和伦理学的含义的。不过，由于它
不仅是一种关于人生的最深层意义的观念，而且也是一种关
于终极存在的观念，因而，就应当从更加广阔的角度来理解
和把握它。确实，无论人们怎样强调它的心理学和伦理学的
重要性，"圣"的概念在宋明儒的思想中总是以一种形而上学
的结构为基础的。只有这样，像"诚""神"以及"几"等概
念才能与圣相契。

---

① 《中庸》，第 22 章。参见陈荣捷：《中国哲学资料选集》，页 107—
108。"道德形上学"的概念是牟宗三根据康德的《道德形而上学基础》一书
发展而来的。参见牟宗三：《心体与性体》（台北：正中书局，1968 年），卷
3，页 115—189。

与康德式设问方式的比较

根据以上分析，尽管人们可以把宋明儒的精神导向解释为某种形式的哲学人类学，但成圣的形而上学基础则必须被理解为一种伦理宗教性的慧识所达至的最终成果，此时道德与宗教之间的通常区别只是一种启发思考的手段而已。成圣的中心问题是：我是谁？我能成为什么？换言之，成为人究竟意味着什么？尽管宋明儒大师们似乎并不是完全以这种方式提出问题，可是如果我们对他们主要关心的问题做一番扼要考查，便完全可以证明这一点。

在这方面，据说孔子的最得意门徒颜渊首先提出的问题最具有启发意义："舜，何人也？予，何人也？有为者亦若是。"[①] 为了揭示颜渊这一设问的哲学含义，程颐写下了题为《颜子所好何学论》的著名论文。尽管看起来他的回答很简单："学以至圣人之道"，但程颐详尽地阐述了为什么每个人本质上都是圣人，因而实践中很有可能成为圣人。程颐的论证，如下文所示，和周敦颐的思想实质完全相通：

> 天地储精，得五行（水、火、木、金、土）之秀者为人。其本也真而静，其未发也五性（仁、义、

---

① 《孟子》，第 3 卷（上）第 1 章。

礼、智、信）具焉。①

因此，程颐继续写道："凡学之道，正其心，养其性而已。中正而诚，则圣矣。"②

在这里，我们不妨做一番比较研究。就目前为止我们已经进行的讨论而言，宋明儒所提出的问题，似乎和康德所提出的三个问题中任何一个都没有直接的联系。这三个康德式的问题是：

1. 我能知道些什么？

2. 我应该做些什么？

3. 我可以期望些什么？

诚然，就我们上面所提到的，宋明儒的关切也许可以包含在第二个问题之中，因为这些关切似乎都可归属于有关人格和道德选择自由的人类活动的范畴里去。人们可能会由此得出结论说，宋明儒只专心一意于心理方面，而不集中注意于宇宙论或是神学问题。然而，这种未经论证的主张，不仅

---

① 关于颜渊（颜回或颜子），参见《论语》，第 6 篇第 2 章。这篇完整的文章可以在《伊川文集》卷 4 中找到。根据朱熹的分析，这篇文章是程颐只有 18 岁时撰写的；参见《朱子语类》（1880 年），第 93 卷第 9 章。姚明达坚信，这篇文章的撰写时间可能更早。参见他的《程伊川年谱》，页 16。上述资料均出自陈荣捷：《中国哲学资料选集》，页 547。至于译文，亦见页 547。

② 陈荣捷：《中国哲学资料选集》，页 548。

对于宋明儒的形而上学，而且对于康德的道德观都是极不确当的。

康德在他的《道德形而上学基础》一书中坚持认为，义务（纯粹的道德性）之根据"绝对不能从人的本性或人所置身于其中的环境中去寻找，而只应先验地到纯粹理性的概念中去寻找"。[①] 如果撇开术语的翻译和能否对应问题不说，这似乎与宋明儒所谓道德是深深地植根于人之本性的主张相矛盾。康德强调："有绝对的必要去建构一种纯粹的道德哲学，这种道德哲学必须完全从一切可能是经验的，因而属于人类学范畴的事物中解脱出来。"[②] 然而，宋明儒却坚信道德修养是与把人作为一个整体的、"自然的"存在并据以进行自我理解这一点无法分开的。但是，上述这些分歧仅仅只触及皮毛而已，两者之间在实质上还存在着更为根本的差异。

从宋明儒的立场来看，似乎康德所特别不放心的，是一种隐秘的甚至通过最彻底的反省也无法发现的动机。因为，那个"可亲的自我"能够躲过最严格的检查，始终成为潜藏于我们的思想和理想背后的一种强大力量，虽然人们往往会错误地认为这些思想和理想只接受善良意志的支配。[③] 所以，义务发出的严峻的绝对命令（它往往要求自我克制），便成为

---

① 伊曼努尔·康德：《道德形而上学基础》，刘易斯·怀特·贝克英译本，页5。

② 康德：《道德形而上学基础》，页5。

③ 康德：《道德形而上学基础》，页23。

道德行为的唯一基础。① 而这一点所依据的信念是，"理性自身会下达应当去做什么的命令，而无须依赖任何现象经验"。②大概康德生怕意志自身不能和理性保持一致，所以才确立了绝对命令——一种作为理性下达的命令而起作用的客观原则。③ 由于绝对命令或道德律令"并不关心行为的内容和它所预期的后果，而是关心行为及其后果所由以发生的形式和原则"，因此，它可被视为一种实践的普遍法则，而不仅仅是一种意志的原则。④

　　康德再三提醒我们，不要认为这种法则的实在性能够从"人性的构成"中推导出来。⑤ 确实，"我们应当绝不嫌多地经常不断地提防自己，不要让懒散甚至卑鄙的思想方式从来自经验的动机和法则中去寻找原则，因为人类理性在困乏疲弊之时就喜欢靠在这个枕头上休息一下"。⑥ 所以，或作绝对命令，不论是作为普遍的立法形式据以行事，还是作为一种理性存有者独具的能力自身，都必须"从它们的立法权威中排除掉所有混杂有任何利害因素的动机"，⑦ 强调这一点是十

① 康德：《道德形而上学基础》，页23—24。

② 康德：《道德形而上学基础》，页24。

③ 康德：《道德形而上学基础》，页29—30。

④ 康德：《道德形而上学基础》，页33。关于对实践法则观念所作的简要讨论，参见同书，页3。

⑤ 康德：《道德形而上学基础》，页43。

⑥ 康德：《道德形而上学基础》，页44。

⑦ 康德：《道德形而上学基础》，页50。

分重要的。它使康德作出下列断言：

> 人只受制于他自己的立法，但这种立法，同时
> 又具有普遍性；他必然要按照自己的意志行事，但
> 是这个意志却是自然所设计，以便使之成为一种创
> 制普遍法则的意志。[1]

从这种背景出发，康德就提出"意志自律"的原则和"目的
的国度"的概念。

海德格尔评论康德时，说他在《纯粹理性批判》第二版
中，"出于畏惧，从把想象力图式化所打开的人类主体性深渊
前退却了"。[2]不论此说是否妥当，他对康德的问题性的看法
却是值得注意的：

> 通过建立一般形而上学的基础，康德首先对本
> 体论形而上学知识的"普遍性"（universality）的品
> 格有了清楚认识……在他同只能起镇痛作用的、肤
> 浅的、在道德哲学中占统治地位的经验论的斗争中，

---

① 康德：《道德形而上学基础》，页51。

② 詹姆斯·柯林斯（James Collins）的论述，参见他的《现代哲学解
释》（Princeton：Princeton University Press, 1972），页310。也可参见海德
格尔：《康德和形而上学问题》，詹姆斯·S. 克切尔英译本（Bloomington：
Indiana University Press, 1962），页222。

康德越来越重视他所确立的先验与经验之间的区别。并且，由于主体的主体性之本质就存在于人的品格之中，而人的品格又与道德理性是一回事，故而纯粹知识和纯粹（道德）行为的合理性必须得到肯定。所有纯粹的综合，甚至所有一般的综合，只要同自发性有关联，都得仰赖一种能力。这种能力，严格地说，是自由的——它指的就是积极主动的理性。①

海德格尔认为，在三个康德式问题之外，必须加上第四个问题，即"人是什么"。这是很有启发意义的。②但是，根据上面的讨论，我们至少可以怀疑康德所指的形而上学是否可以顺理成章地归属于"人性"范围。③当然，由于他强调"无论是最深奥的哲学还是最通俗的推理"，都不可能"把自由消解掉"。④因而，在某种意义上，康德已经将他的"先天综合的实践的命题"建构在"内在的人"的基础之上。但是，即使"内在的人"或"真正的自我"确实存在的话，康德是

———————

①　海德格尔：《康德和形而上学问题》，页173—174。

②　海德格尔：《康德和形而上学问题》，页214—215。

③　海德格尔：《康德和形而上学问题》，页214—215。

④　注意到这一点是很有意义的：尽管康德明确表示绝对命令不可能源出于人类本性的结构（《道德形而上学基础》，页43），但是，海德格尔却认为，形而上学以及为我们所关心的形而上学的功能，都根源于"人类的本性"（《康德和形而上学问题》，页176）。

否也相信人的智力能真正认识它，也是很成问题的。他说：

> 从主观上不可能解释意志自由，正如不可能发现和解释人为什么能对道德律感到兴趣。然而，人确实对道德律感到兴趣，我们把这种兴趣在我们身上的基础称为道德情感。这种道德情感被某些人错误地当作道德判断的标准，其实，它更应当被视为道德律对意志所产生的主观效果，而只有理性才为意志提供客观依据。①

人性的本体论地位

诚然，海德格尔曾想发现"人的本质问题和建构形而上学两者之间的（基本）联系"，②并据之以描述康德建构形而上学基础的真正成果。但是，不容否认，他的论证是非常吃力的。并且，海德格尔自己也承认："这一问题（人是什么？）的不确定性表明，甚至直到现在，我们也还没有把握住康德建构形而上学基础的明确成果。"③但是，正如我们已经看到的那样，在宋明儒的思想中，人性与本体实有之不可分割构

---

① 海德格尔：《康德和形而上学问题》，页 79—80。
② 海德格尔：《康德和形而上学问题》，页 220。
③ 海德格尔：《康德和形而上学问题》，页 221。

成他们的出发点。这并非意味着，宋明儒的设问方式只要借
用海德格尔的语言就能得到更好的理解和评估。实际上，新
亚研究院的牟宗三教授，在他的深刻的专著（《智的直觉与中
国哲学》）中就曾明确指出，海德格尔把他的基本本体论建立
在发展"此在"的形而上学基础上，这同宋明儒所坚持的人
类本质的"非时间性"（non-temporality）是不兼容的。[①]　不
过，我们在这里不只是为了通过哲学体系的类型分析来描述
其中的相似性和不同点。我们的任务是要找出两种根本不同
的设问方式之间的"对话"如何深化我们对自己所选择的本
体论取向之局限性与优点的认识。

　　张载在一篇非常有名的短文里简练地陈述了宋明儒的
立场：

　　　　乾称父，坤称母；予兹藐焉，乃混然中处。故
　　天地之塞，吾其体；天地之帅，吾其性。民，吾同

[①]　关于牟宗三对这种情况的解释，参见他的《智的直觉与中国哲学》
（台北：商务印书馆，1971 年），页 346—347。应当指出，尽管在他的《心
体与性体》（1968 年）中，牟宗三教授几乎没有提到海德格尔，但他最近的
《智的直觉与中国哲学》则将海德格尔对康德的反思作为研究的出发点。参
见《智的直觉与中国哲学》，页 24—59。

胞；物，吾与也。①

这一有说服力的和精练的表述，表面上似乎只提出一种"有机论"的观点，即人类乃是宇宙整体的不可分割的一个组成部分。②毫无疑问，人类存在在本质上同天地万物相联系，这正是张载的基本观点，所以，可以笼统地说，他提出的观点与西方学者的有机论互相契合。但是，《西铭》这篇众所周知的短论，首先表述的则是人的本体论地位。

如此界说的"人"，不只是一种按其定义说对自身存在之本体论根据一无所知的生物。作为天地之造化（他们被赋予宇宙的精华），人性体现了宇宙创造过程中最精致的部分。③这一思想完全符合《中庸》"天命之谓性"的观点。④正是在

---

① 这段文字乃《西铭》的开场白，最初称为《订顽》。该文铭刻在张载书房的西墙，因此，程颐后来给了它一个新题："西铭。"参见陈荣捷：《中国哲学资料选集》，页497；也可与页497的注释②相比较。应当指出，这段文字黄秀玑曾有不同的英译文。参见他的《张载的道德观》，《东西方哲学》1971年第21期，页141。

② 李约瑟博士对于这一点曾有过精彩的表述。他将宋明儒的宇宙论特点表述为"有机论"。参见他的《科学思想的历史》一文，该文收入《中国的科学与文明》（Cambridge：Cambridge University Press, 1969），卷2，页412、502。虽然在这里李约瑟仅仅提及程朱之学（或新理学）的"有机自然主义"，但我们能充分地证明陆王之学（或心学）也同意这样的宇宙观。

③ 实际上，周敦颐曾说："唯人也，得（五行之）秀而最灵。"参看周子《太极图说》。

④ 《中庸》，第1章。

这样的意义上，张载提醒我们，不管我们发现自身是无涯的
宇宙中多么微小的存在物，但是，每个人在其中不仅拥有一
个落脚点，而且拥有一个亲密无间的地位。因此，我们都潜
在地是宇宙的监护人，应该说是宇宙的共同创造者。按照这
种关于"人"的整体性见解，创造者与被创造者之间的本体
论上的断裂似乎是难以想象的。这里不存在基督教神学所谓
"堕落"后的状态，也不存在一种疏离了人的原初本性后所产
生的根深蒂固的异化现象。同时，那种将人视为自然的操纵
者和征服者的观点，似乎也被排除在外。①

　　这种对于天、地、人与万物之和谐统一的、貌似天真的
信仰，是以张载所谓"太和"的宇宙论为依据的。但是，如
果我们明晰地分析张载所说的宇宙，那么，它与其说是天真
纯净的花园中的甜美吟唱，毋宁说是雄浑大海的汹涌波涛：

　　　　（太和所谓道，）中涵浮沉、升降、动静、相感
　　之性，是生絪缊、相荡、胜负、屈伸之始。其来也
　　几微易简，其究也广大坚固。起知于易者乾乎！效
　　法于简者坤乎！②

　　在张载的这一整套的概念中，《易经》的影响是显而易见

————————

① 参见杜维明：《中与庸：试论"中庸"》，页 1—2、19—22。

② 《正蒙》，第 1 卷第 1 章。参见陈荣捷：《中国哲学资料选集》，页 500。

的。上面这种比喻所提示的，绝不是一种静止的，而是一种动态的转化过程。这一见解在张载的"太虚即气"的命题中也表现得很清楚，"其聚其散，变化之客形尔"。①

不过，人们也许会错误地认为，既然宇宙是处于一个不断运动变化的过程之中，那么，以恒定不变的概念来解释张载的宇宙论是难以成立的。但是，事实上，他曾明确地指出："气之为物，散入无形，适得吾体；聚为有象，不失吾常。"②这是因为"天地之气，虽聚散，攻取百涂，然其为理也顺而不妄"。③所以，这段论述的基础是被认为出于张载的著名命题，即"理一分殊"④。

张载这一见解意味着，现象世界展现出无限多样的动态

---

① 《正蒙》，第 1 卷第 1 章。参见陈荣捷：《中国哲学资料选集》，页 501。

② 《正蒙》，第 1 卷第 1 章。参见陈荣捷：《中国哲学资料选集》，页 501。

③ 《正蒙》，第 1 卷第 2 章。参见陈荣捷：《中国哲学资料选集》，页 501。

④ "理一分殊"的观点，曾对宋明儒家的思想有过巨大影响。但是，这一富有生命力的观点的寓意，必须放在张载的哲学背景中方可理解。关于这个问题，有一些颇有裨益的论述。见唐君毅：《张载关于心的理论及形而上学之基础》，《东西方哲学》1956 年第 6 期，页 113—136；唐君毅：《宋明儒家的精神及其发展》，载 A. 纳内斯、A. 汉尼等编著的《中国哲学介绍》（Oslo：Universitetsforlaget, 1972），页 56—83；黄秀玑：《张载的气的概念》，《东西方哲学》1968 年 SVIII，页 245—259；黄秀玑：《张载的道德观》，《东西方哲学》1971 年第 21 期，页 141—156；陈荣捷：《宋明儒家对恶的理解》，载《"中央研究院"历史语言研究所集刊》（1957 年），页 780—783；陈荣捷：《中国哲学资料选集》，页 495；李约瑟：《中国的科学与文明》，卷 2，页 472—485。

的交互作用，万事万物由此而得以生成。然而，那种由一个完全超出人类智力所能理解的超自然的存有，进行有意识设计的创造行动（这无疑是对基督教神学教义的一种比较简单化的理解），则与张载的宇宙论是绝对不兼容的。同那种认为神可以从无中创世的思想相反，张载思想中的转化乃是一个生生不已的创造过程。因此，事物之所以获得存在，并非由于某种神秘力量的塑造，而是一种不断分化过程的结果。在这个意义上，一事物只有当它达到了某种经过分化的状态时，才成为另一事物：

> 物无孤立之理，非同异、屈伸、终始以发明之，则虽物非物也；事有始卒乃成，非同异、有无相感，则不见其成，不见其成则虽物非物。故（《易经》）曰："一屈一伸，相感而利生焉。"①

但是，一事物要达到自身的存在的状态，还必须尽力实现它自身，不能只是听任事物自己去自然生长。这是以下面这段话为依据的：

> 诚有是物，则有终有始；伪实不有，何终始之

---

① 《正蒙》，第2卷第16章。参见陈荣捷：《中国哲学资料选集》，页515。

有？故（《中庸》）曰："不诚无物。"①

人们或许可以提出异议，认为这是把自然领域里的问题转换成了道德问题。但是，采用自然现象道德化的观点来诠释这种思路，很可能引起误导。这种思路要阐明的，如果用海德格尔的话说是："尽力使'在'展示其自身。"②不管这种思想是否仅仅"代表一种正在蒸发汽化的实有所剩下的最后的一抹云雾"，③对张载来说，对诸如"太虚"这样一些"至上概念"的思考，乃是理解具体事物之真实含义的可靠途径。

因此，注意到这样一点是非常重要的，即张载提出"理一分殊"时，他绝不是主张一种二元论。与此相反，他却认为"气之聚散于太虚，犹冰凝释于水"。④并且，张载进一步指出："知太虚即气，则无无。"⑤这种思维模式显然对人这个概念具有深意，即人性和物性都存在于太虚和气的统一体之中。⑥依据这样的基本假设，张载坚持认为："性者，万物之

---

① 陈荣捷：《中国哲学资料选集》，页508。引自《中庸》，第25章。

② 海德格尔：《形而上学导论》，拉尔夫·曼海姆（Ralph Manheim）英译本（New York：Doubleday，1961），页34。

③ 海德格尔引自《偶像的黄昏》，见《尼采全集》（Edinburgh and London: Heinemann, 1911），卷16，页19。参见《形而上学导论》英译本，页29。

④ 参见陈荣捷：《中国哲学资料选集》，页503。

⑤ 陈荣捷：《中国哲学资料选集》，页503。

⑥ 陈荣捷：《中国哲学资料选集》，页504。

一源，非有我之得私也。"① 所以，在一段非常有趣的文章中，张载对人的本体论状态作出如下的描述：

> 天性在人，正犹水性之在冰，凝释虽异，为物一也；受光有小大、昏明，其照纳不二也。②

诚然，正如陈荣捷教授曾指出的那样，张载关于"虚"的哲学思想，从未被后世的任何宋明儒家所传播。③ 尽管如此，张载的设定，即既然人人都被赋予了天地创化的同一本质，所以，每个人都具有充分体认至高存在的内在能力。他的这一观点，仍然鲜明地表现出宋明儒思想的特点。④

仁作为根本问题

在《识仁》一文中，程颢强调指出，真正的仁实际上是

---

① 陈荣捷：《中国哲学资料选集》，页 508。

② 陈荣捷：《中国哲学资料选集》，页 509。

③ 陈荣捷：《中国哲学资料选集》，页 504—505。

④ 朱熹认为理只是性，心是气之灵者。因此，他是否与宋明儒中陆王一系思想家同样程度地强调人有能力依靠自我努力达到圣人境界，这一点的确还有些问题。但是，不可否认，尽管朱熹一再强调学的重要性，他却强烈相信每个人都具有充分地理解和体验最高实在的内在能力。在这一点上，对朱熹立场的发人深省的理解，参见牟宗三：《心体与性体》，卷 3，页 464—485。

"浑然与物同体"。为了强调人们具有理解和体验终极存在的
内在能力，程颢进一步指出："《订顽》意思，乃备言此体。"①
这样设想的"仁"，不仅是内心最深层的感受性，而且也是对
遍润万物的关怀。程颢将中医所谓麻痹称为"不仁"，他运用
如下的类比来说明这一点：

> 仁者以天地万物为一体，莫非己也。认得为己，
> 何所不至？若不有诸己，自不与己相干。如手足不
> 仁，气已不贯，皆不属己。②

粗看起来，这一论述所指的似乎是"一个取消了一切客
体的主体，并将客体转化为纯粹的主体性"。③然而，这并不
是在为主观主义甚或是人类中心说作辩解，程颢在这里所试
图表达的只是"人与天地一物也，而人特自小之，何耶？"④
事实上，他曾直率地承认："天地之间，非独人为至灵，自家
心（本质上）便是草木鸟兽之心也。"⑤因为，一旦某一事物

---

① 《识仁》一文收在《二程遗书》中。参见陈荣捷：《中国哲学资料选
集》，页524。

② 《识仁》，陈荣捷：《中国哲学资料选集》，页524。

③ 海德格尔：《形而上学导论》，页117。

④ 陈荣捷：《中国哲学资料选集》，页539。

⑤ 陈荣捷：《中国哲学资料选集》，页527。

产生出来，它就必然地拥有那完备的理。① 所以，孟子所谓
"万物皆备于我"的观念不仅适用于人，而且同样适用于物。②
其中的区别，仅仅在于人能将此理从自己推及外物，而一般
来说，物则做不到这一点。尽管如此，程颢又指出："虽能推
之，几时添得一分？不能推之，几时减得一分。"③

　　程颢还进一步评述道，就存在的状态而言："人之情各有
所蔽，故不能适道。大率患在于自私而用智。自私则不能以
有为为应迹，用智则不能以明觉为自然。"④ 虽然程颢一再告
诫他的学生（指学习做人的学生）不要远求，而是要向自身
内部寻求天理，以便通过修身来扩展自己的人性，⑤ 但他绝不
会否认海德格尔提出的富有启发性的"适时，即适合的瞬间
和适合的坚持不懈"⑥ 的必要性。用程颢自己的话来说，就是
"未尝致纤毫之力"。⑦ 其实，孟子早已明确地表述了这一思
想："必有事焉而勿正，心勿忘，勿助长也。"⑧

---

① 　陈荣捷：《中国哲学资料选集》，页533。

② 　这段表述的完整引文如下："万物皆备于我矣。反身而诚，乐莫大
焉。强恕而行，求仁莫近焉。"参见《孟子》，第7卷（上）第4章。

③ 　陈荣捷：《中国哲学资料选集》，页534。

④ 　陈荣捷：《中国哲学资料选集》，页526。

⑤ 　陈荣捷：《中国哲学资料选集》，页532。

⑥ 　海德格尔：《形而上学导论》，页172。

⑦ 　陈荣捷：《中国哲学资料选集》，页524。

⑧ 　《孟子》，第2卷（上）第2章。

程颢的方法，即由养性以达到自我和他者的一致，[①] 与海
德格尔所谓"俟候"概念有某些相似之处。当然，海德格尔
面对现代人"对'在'的遗忘"所导致的本体论挑战做出自
己的回应。此回应代表着一种颇不同于宋明儒家所坚持的理
（在）与性（人）不可分离的思维方式。但是，程颢所告诫的
"穿凿系累，自非道理"，和"（道与理）一旦为私心所蔽，则
歁然而馁，却甚小也"，[②] 却使我们回想起海德格尔关于人是
怎样变得与"在"相疏远的一段颇有见地的议论：

> 他们在（所谓）本质中进行反复探讨，总是假
> 定那最能捉摸到的东西正是他们所必须把握的东西，
> 因而，每个人所把握的正是那最接近于他的东西。
> 一个人执着于这样，另一个人却执着于那样。每个
> 人的意见（sinn）都以他自己（eigen）为转移，这
> 就是固执己见（eigen sinn）。这种固执己见，这种
> 执拗，使他们无法伸展出去触及那在自身中被联结
> 在一起的东西，使他们不能成为一个顺事而动的人
> （horige），并从而虚怀倾听（horen）。[③]

与此相类似，程颢评述道："人只为自私，将自家躯壳上

---

① 陈荣捷：《中国哲学资料选集》，页 524。
② 陈荣捷：《中国哲学资料选集》，页 532。
③ 海德格尔：《形而上学导论》，页 110。

头起意，故看得道理小了佗底。放这身来，都在万有中一例看，大小大快活！"① 而"那在自身中被联结在一起的东西"，正是使那"万物（形成）一体"的理。②

在这里，程颢所提倡的也正是他的老师周敦颐和他的表叔张载的思想。即：尽管在日常生存状态中，每个人都是有限的，但从本体论意义上看，人"体现"及领悟最高实在的能力是无限的。"仁人所以事天诚身，不过已于仁而已。"③ 从根本上讲，这种人性观不同于巴门尼德把人看作历史的存在（作为存在的历史的监护者）的思想。对于这种思想，海德格尔曾为之欢呼，并称之为西方关于人的极为重要的定义。④ 宋明儒思想中的主导观点既不是历史性，也不是时间性，而是作为终极实有之显现的（非时间性的）人性的自我展示。或许这就是牟宗三所确认的关于中国人思维方式的基本假设，即在所有人的秉赋中都有一种"智的直觉"能力。

的确，宋明儒全神关注成圣之道，便是"智的直觉"发生作用的突出例证。张载的下列论述正反映了这一点：

大其心，则能体天下之物（格物穷理）；物有

---

① 陈荣捷：《中国哲学资料选集》，页 533。

② 陈荣捷：《中国哲学资料选集》，页 533。

③ 陈荣捷：《中国哲学资料选集》，页 508。应注意，这里已经做了一些删除，最初的原文是："仁人孝子所以事天诚身，不过不已于仁孝而已。"

④ 海德格尔：《形而上学导论》，页 119。

未体，则心为有外。世人之心，止于闻见之狭。圣
人尽心，不以见闻梏其心，其视天下，无一物非我。
孟子谓尽心则知性知天以此。天大无外，故有外之
心，不足以合天心。见闻之知，乃物交而知，非德
性所知；德性所知，不萌于见闻。[1]

这种可能性，即认为人可以体验世界上所有事物，人只
需通过人的道德本性，而无须通过见闻的感知活动就可获得
知识，这在康德哲学中是绝不容许的。实际上，在康德看来，
这种把握物自体的智的直觉，是人类所不可能具有的。

康德关于人不可能通过智的直觉来领悟物自体的思
想，似乎不仅是他特有的哲学见解，同时也是西方思想的
一个基本假设。当然，按照海德格尔的解释，康德之所以
从原则上说就不可能真正完成"基础存在论"（fundamental
ontology），在某种程度上是同下面这种情况有联系：

在最宽泛的意义上讲，原因在于康德不能或根
本不愿意从客体性的形而上学中摆脱出来，即从那
种认为"在"的意义可以经由"作为主体性之客体"
这种关系予以恰当规定这一假设中摆脱出来。[2]

---

① 陈荣捷：《中国哲学资料选集》，页 515。
② 詹姆斯·柯林斯：《现代哲学解释》，页 301。

　　然而，正如恩斯特·卡西尔（Ernst Cassirer）指出的那样，康德被说成是"从外在世界的形而上学的实在论转而关注人，关注人的有限性的基础，以及关注人的有限性与存在问题的关系，人由于自身本体论上的结构势必会提出这个存在问题"。①这种说法，基本上是海德格尔强加给康德的哲学意旨的。②

　　这里应当指出，像费希特一样，胡塞尔也曾经尖锐地批评康德的错误，因为康德无法承认或拒绝承认人对活动中的自我拥有直觉知识③。用詹姆斯·柯林斯（James Collins）的话说，胡塞尔是这样批评康德的：

　　　　康德式的方法是逆推式地重建在科学的客观性的模式中进行判断之所以可能的条件，这种方法所缺少的，恰恰是"智的直觉"。这种"智的直觉"，能够使这种方法不至于完全迷失在客观性之中，并且可以使之完成向主体性生命的转向。因此，康德所缺少的正是对自我的先验生命的体验，即缺少对"我即实有"的体验——而这种"我即实有"并不只是与客观世界一端相对立的自我一端。④

————————

　　①　詹姆斯·柯林斯：《现代哲学解释》，页201—203。

　　②　关于卡西尔批评海德格尔对康德所做的解释，以及其他海德格尔学派的命题的概要，参见卡尔·H.汉姆博格：《卡西尔—海德格尔研究文选》，载《哲学与现象学研究》，第25集（1964—1965），页208—222。

　　③　詹姆斯·柯林斯：《现代哲学解释》，页295。

　　④　詹姆斯·柯林斯：《现代哲学解释》，文中引号为增加部分。

　　且不管胡塞尔的"先验现象学"是否既能提供对纯粹自我的理解方法，又能提供对纯粹自我进行反思的体验，康德哲学的中心问题，推而言之，西方哲学的最重要问题，在这里是被点明了。

　　宣称宋明儒的"简易"工夫，基本上就在于把智的直觉当然地视为人的内在能力，很可能不会满足胡塞尔或海德格尔一类哲人的批判精神的要求。但是，就像牟宗三所指出的那样，如果认真地对待这种思维方式，且不管如何称谓它，人们也许会发现，它在提出一种哲学构想时却颇有潜力。这种构想如果和胡塞尔式的先验现象学或海德格尔式的本体论相比，更接近康德当初的灼见。①

　　如上文所说，我们必须在哲学的三个主要问题之外，加上第四个康德式的问题，即人是什么？我们可以进一步辩说，正如海德格尔对康德哲学的反思中所说，倘若从哲学问题的重要性来讲，人性问题实际上应先于知的问题（认识论）、行的问题（心理学）和期望问题（神学）。当然，这绝不意味着只有关于人的科学（人类学）才是哲学的基础部分。不仅在海德格尔的思想中，在宋明儒的思想中也同样内含着一种必要性去探究人的问题同肇定形而上学基础的内在关联。然而，

　　① 参见牟宗三：《智的直觉与中国哲学》，页 184—202。虽然牟教授在他现有的公开出版物中似乎没有讨论过胡塞尔的现象学，但在《现象与物自体》的论著中，他对康德的问题予以专门的讨论，并涉及对海德格尔和胡塞尔的批评。

海德格尔的注意力集中在人的有限性上，并且由此集中在作为"时间性"的"此在"(dasein)的重要意义上，而宋明儒思想中的主导视角却落在通过天人的绝对统一实现人性。这样，宋明儒家的中心问题是：怎样才能真正认识我之真我？或者用上文的话：我怎样才能培养我的智的直觉能力，作为我之真我的呈现，也作为我对宇宙根本的一体性的参与？借用牟宗三的话，这个问题也可简述为：人的智的直觉在本体论上如何可能只有关于人的科学（人类学）才是哲学的基础部分。不仅在海德格尔的思想中，而且在宋明儒学的思想中，也同样内含着一种必要性，去探究人的问题同确定形而上学基础的内在关联。然而，海德格尔的注意力集中在人的有限性上，并且由此集中在作为"时间性"的"此在"（dasein）的重要意义上，而宋明儒学思想中的主导视角却落在通过天人的绝对统一实现人性。这样，宋明儒家的中心问题是：怎样才能真正认识我之真我？或者用上文话：我怎样才能培养我的智的直觉能力，以作为我之真我的呈现方式，也作为我对宇宙根本的一体性的参与方式？借用牟宗三的话，这个问题也可简述为：人的智的直觉在本体论上如何可能。①

① 牟宗三：《智的直觉与中国哲学》，页157。

.